# LA REBELIÓN DE LOS INDIOS

*Para alguien muy especial que quiero y aprecio mucho y que vivió y llegó a amar a mi convulsionado paraíso, donde la lógica se pierde y da paso a la irracionalidad de pocos en contra de los oprimidos. Así ha sido desde la conquista pero sueño con que no dure por mucho tiempo. Aspiro con todo mi ser, poder colaborar para que esa realidad cambie.*
*Quito, 8-XII-2000.  Marco V. Lasso P.*

Kintto Lucas

# LA REBELIÓN DE LOS INDIOS

Abya-Yala
2000

LA REBELION DE LOS INDIOS
© Kintto Lucas

1a. Edición  
Febrero, 2000

Ediciones ABYA-YALA  
12 de Octubre 14-30 y Wilson  
Casilla: 17-12-719  
Teléfono: 562-633 / 506-247  
Fax: (593-2) 506-255  
E-mail: admin-info@abyayala.org  
editorial@abyayala.org.  
Quito-Ecuador

2da, Edición ampliada,  
Marzo, 2000

Impresión

Docutech  
Quito - Ecuador

ISBN: 9978-04-512-0

Diseño de carátula: Raúl Yépez

Fotos carátula: Departamento de Comunicación de la Conaie

Impreso en Quito-Ecuador, 31 de enero del 2000

*A San Cono.*

*Al Movimiento Indígena
por mantener la dignidad
500 años después...*

# INDICE

**INTRODUCCIÓN**
De Rumiñahui a la Conaie ............................................................ 10

**ENTRE FUEGOS**
Un país congelado y sin Progreso ................................................ 20
Tristezas ancestrales y tristezas modernas ................................. 27
La huipala vuelve a las calles ........................................................ 41
Una base soberana... de Estados Unidos .................................... 59
Entre dólares y dolores de cabeza ................................................ 65
Regalitos electorales y judiciales .................................................. 71
Mahuad se dolariza y doloriza a los demás ................................ 77
Hacia el rescate de la democracia ................................................ 89
Camino al arco iris ......................................................................... 99
La utopía de los ponchos ............................................................ 110
El vicepresidente entra por la puerta de atrás ......................... 120
Referéndum y reflexiones indias ................................................ 128

**ENTRE VOCES**
Andrés Guerrero: Los indígenas y el mito constitucional ...... 144
Antonio Vargas: Una remezón a los políticos .......................... 146
Luis Macas: "Ushay", el poder, es un concepto colectivo ....... 150
Nina Pacari: Una indígena vicepresidenta del Congreso ....... 154
Miguel Lluco Tixe: En minga por la vida .................................. 158
Kintto Lucas: El desprecio hacia el otro es humillante ........... 166

**ENTRE SIMBOLOS**
Rumiñahui ..................................................................................... 174
Jumandi .......................................................................................... 175
Fernando Daquilema ................................................................... 177
Tránsito Amaguaña ...................................................................... 179
Dolores Cacuango ........................................................................ 180

**BETWEEN FIRES** ................................................................... 183

# INTRODUCCION

Venimos del ayer caminando memorias de rebeldes y rebeldías, volvemos al presente para andar rincones del Ecuador fundirnos con su gente y transitar parte de su vida... quinientos años después...

# DE RUMIÑAHUI A LA CONAIE

## UNO

La historia del movimiento indígena ecuatoriano se remonta a las primeras rebeliones contra la conquista, y aparece Rumiñahui que dirigió la resistencia contra la invasión española en 1535, o Jumandi que lideró la rebelión de los nativos de la Amazonia en 1578. Ya en época republicana se recuerda a Daquilema, que en 1871 inició el levantamiento de toda la provincia de Chimborazo, en la Sierra central, contra el gobierno conservador del presidente Gabriel García Moreno. Pero es en el siglo XX cuando los indígenas de distintas regiones del Ecuador comienzan a integrarse, y en las primeras décadas se destacan mujeres como Dolores Cacuango y Tránsito Amaguaña, quien creó el primer sindicato agrícola del país, dirigió la primera huelga campesino indígena en 1944, participó en la fundación de la Federación Ecuatoriana de Indios e inició las escuelas campesinas en las que por primera vez se enseñó en kichwa. Por esa "osadía" fue perseguida y encarcelada.

Tuvo que pasar más de medio siglo para que el movimiento indígena volviera a irrumpir con firmeza en la vida nacional. En junio de 1990, los indígenas del Ecuador vuelven a sentirse fuertes cuando unidos en la Confederación de Nacionalidades Indígenas del Ecuador (Conaie) creada pocos años antes, realizaron el mayor levantamiento de la historia. Ocuparon carreteras, entraron en latifundios, detuvieron soldados, no sacaron productos al mercado, tomaron oficinas públicas, realizaron movilizaciones y concentraciones. Como reacción inmediata el ejército salió a la calle, hubo algunos enfrentamientos, penetró en las comunidades, golpeó y baleó defendiendo a los terratenientes, a pesar de que el presidente socialdemócrata, Rodrigo Borja, se mostró partidario del diálogo.

Además de transformarse en un hecho simbólico porque fue la irrupción indígena en la política moderna, el levantamiento de 1990 provocó un remezón interno en las fuerzas armadas que iniciaron un proceso de acercamiento con el pueblo indígena a partir de un trabajo social de sus oficiales y tropa más vinculado a la comunidad.

En octubre de 1992, con la consigna "No bailaremos sobe la tumba de nuestros abuelos", los indígenas caminaron desde distintos puntos del país para recordar en Quito los "500 años de resistencia indígena".

De allí en más, el movimiento indígena ecuatoriano se convirtió en el movimiento social de mayor trascendencia en Ecuador y uno de los mejor organizado de América Latina. El único capaz de paralizar totalmente el país de un día para otro, y referencia obligada en la vida política ecuatoriana. Miguel Lluco, dirigente histórico de los indígenas asegura que "la realidad plural del país se manifiesta cuando el indígena surge como actor importante en la vida sociopolítica del Ecuador. Se asume que el 'otro' existe y que tiene sus diferencias y sus derechos".

**DOS**
El poder de convocatoria y la creciente influencia que fue tomando el Movimiento Indígena en sectores no indígenas hizo madurar la idea de participar electoralmente. Las discusiones sobre el tema en las comunidades duraron más de un año entre 1995 y 1996. Hubo ciertas dificultades en ponerse de acuerdo debido a que había posiciones encontradas. Desde quienes querían transformar a la Conaie en un partido político, hasta los que no estaban de acuerdo en embarcarse en las elecciones porque se podía desdibujar el papel del movimiento indígena y dejar de lado su lucha centrada en el trabajo organizativo desde las comunidades, la toma de tierras, la reivindicación cultural y étnica, y los levantamientos como medidas de protesta.

Luego de grandes debates y discusiones se decidió participar en el proceso electoral a partir de una estructura organizativa que pusiera de manifiesto la alianza de los sectores indígenas con otros movimientos sociales del campo y la ciudad.

Así, en las elecciones de 1996, nació el Movimiento de Unidad Plurinacional Pachakutik - Nuevo País, que en principio presentaría candidatos a nivel local y a diputaciones provinciales. Luego, las organizaciones sociales y las propias comunidades indígenas propusieron concurrir a la diputación nacional (hasta 1998 el Congreso unicameral incluía diputados provinciales que duraban dos años y nacionales que duraban cuatro como el presidente electo). Para eso había que participar también en la elección presidencial y como el movimiento no era un partido político, para cumplir con los requisitos electorales e inscribir las candidaturas nacionales se debía presentar 100.000 firmas.

Los candidatos se nombraron luego de una larga Asamblea y las firmas se juntaron en una semana, algo sin precedentes en Ecuador. Las organizaciones sociales propusieron como candidato a la presidencia al periodista Fredy Ehlers, quien tenía una trayectoria vinculada a sectores progresistas, y como primer candidato a la diputación nacional al indígena kichwa Luis Macas, con amplia trayectoria en las luchas sociales, uno de los fundadores de la Conaie y por ese entonces su presidente. Consultado sobre las razones del movimiento indígena para participar en esas elecciones, Macas señaló que era una forma más de lucha. "Para las organizaciones hay varias formas de pelear por sus reivindicaciones –argumentó–. Están los levantamientos, a los que recurrimos cuando son necesarios, la educación bilingüe kichwa-español para rescatar nuestro idioma y las elecciones son una forma más de lucha. Hasta ahora no se había visto la necesidad de participar electoralmente porque el proceso de organización no estaba consolidado. Ahora decidimos enfrentar el reto".

Macas explica que la esencia de Pachakutik es la unidad en la diversidad. *"Dentro de él están los trabajadores de la ciudad, los campesinos no indígenas, los ecologistas, los sectores afroecuatorianos, los indígenas",* dice.

En esas elecciones Ehlers queda tercero tras el populista Abdalá Bucaram, y el derechista Jaime Nebot. Macas logró aglutinar el voto indígena, un sector que generalmente no concurría a votar por no sentirse representado y el de los sectores progresistas y de izquierda de las ciudades. Su campaña electoral fue puerta a puerta recorriendo comunidades y barrios. Las dificultades económicas no permitieron a Pachakutik hacer propaganda televisiva y optó por la publicidad en radio. Sin embargo obtuvo el 10 por ciento de la votación.

Elegido presidente en la segunda vuelta electoral, Abdalá Bucaram inició un proceso destinado a fracturar al movimiento indígena ofreciendo cargos y dinero a algunos dirigentes regionales, lo que provocó una reacción inmediata de la Conaie que se transforma en factor fundamental de las movilizaciones previas a la destitución, en febrero de 1997. El entonces diputado, Miguel Lluco, junto a otros dirigentes populares ocupa la Catedral de Quito en una acción que se transforma en el inicio del fin de Bucaram,

A finales de ese mismo año, la Asamblea Nacional Constituyente para reformar la Constitución ecuatoriana vuelve a convocarlos. Junto a la campaña electoral para elegir a los asambleístas, 10.000 indígenas de todo el país marchan hacia Quito para instalar junto a otros sectores sociales la Asamblea Popular encargada de elaborar un proyecto constitucional que sería asumido por los representantes de Pachakutik.

**TRES**

En Ecuador 3,5 millones de los 11,5 millones de habitantes son indígenas, repartidos en 11 nacionalidades. La mayoría viven en áreas rurales. La principal de ellas es la kichwa que habita en la región de la Sierra y la Amazonia u Oriente.

Las nacionalidades awa, chachi, epera y tsáchila residen en la costa del océano Pacífico. Las cofán, siona, secoya, huaorani, achuar, shuar en la Amazonia.

Los indígenas se basan en determinados valores ancestrales. Lluco, de la nacionalidad kichwa, pone de ejemplo al modelo comunitario y solidario que se practica hace cientos de años. Cuando una familia de la comunidad está en situación difícil, todos se unen para ayudarla.

Además, reivindican la "minga", como denominan el trabajo conjunto para construir una carretera o una casa o cosechar. "Por eso decimos que nuestro movimiento está en 'minga por la vida'", comenta Lluco.

En cuanto a la experiencia electoral, destaca la gestión de las alcaldías. "Una característica son las asambleas municipales, donde representantes de las comunidades analizan el presupuesto, priorizando necesidades y realizando un control y seguimiento de las inversiones", dice.

La nueva Constitución reconoció los derechos colectivos de los pueblos y el carácter pluriétnico y multicultural del país. Junto con las reformas constitucionales se aprobó el Convenio 169 de la OIT, que reconoce los derechos de los pueblos indígenas. Lluco fue quien gestionó la aprobación del Convenio en el parlamento. "Los principios básicos del convenio son el respeto a las culturas y a las formas de vida y de organización tradicionales de nuestros pueblos y su participación efectiva en las decisiones que les afectan", afirma.

"*Según el Convenio 169, los jueces que traten infracciones cometidas por indígenas en juzgados comunes tienen la obligación de acudir a normas, costumbres y a la cultura indígenas para que sirva de atenuante a la hora de sentenciar*", comenta.

Además, se reconoce que los pueblos indígenas pueden, a través de sus autoridades, ejercer funciones jurisdiccionales, resolver conflictos y administrar la justicia en base a su tradición comunitaria.

*"Es necesario armonizar las leyes y establecer niveles de competencia para que no se interpongan o contradigan las leyes indígenas a las nacionales"*, aseguró Lluco.

También se reconoce el uso oficial de los idiomas. Si un indígena debe hacer un trámite en una oficina pública y no sabe el castellano, los funcionarios tendrán que atenderlo en su idioma. "Hemos tenido avances en lo cultural y político, pero en lo económico seguimos postergados. En el marco de una orientación plural del Estado, se debe reorientar los fondos públicos hacia la economía de los sectores populares y los pueblos indígenas", comenta Lluco.

Pachakutik se ubica a la izquierda del espectro político, según Lluco, que de inmediato aclara que la organización no tiene nada que ver con la izquierda tradicional, porque ésta siempre tuvo su mirada fuera del país y no entendía al movimiento indígena. "Somos pueblos que estamos en lucha por consolidar una propuesta distinta que es la construcción del estado Plurinacional", asegura.

El pedido de Ecuador como país plurinacional ha sido interpretado por algunos sectores como la división geográfica en varios estados.

Lluco dice que el Estado Plurinacional es uno solo, con pluralidad jurídica en los territorios donde están asentados las nacionalidades indígenas y su derecho a decidir política, económica, cultural y socialmente.

*"No sé desestructura el territorio nacional, pero otorga a nuestros pueblos otros niveles de decisión y autonomía, como establece el Convenio 169"*, comenta.

## CUATRO

En 1998 se elige como presidente el demócratapopular (democratacristiano) Jamil Mahuad. Pachakutik logra seis escaños en el Congreso y la diputada indígena Nina Pacari es nombrada vicepresidenta de la legislatura.

En los meses que van desde noviembre de 1998 a febrero de 1999 quiebran cinco bancos y el Estado asume sus deudas desembolsando más de 1.500 millones de dólares. Muchos piensan que el sistema financiero queda saneado, pero, el lunes 8 de marzo, Banco del Progreso, el más importantes de la Costa, estaba con problemas de liquidez.

Como el gobierno no tenía dinero en caja para salvarlo, y ante la presión de los grupos financieros de Guayaquil, el presidente de la República, Jamil Mahuad, decretó feriado bancario por una semana, decretó el alza de los combustibles y congela por un año los depósitos en cuentas corrientes y de ahorro mayores a 200 dólares. El movimiento indígena en alianza con los taxistas paraliza el país y Mahuad da marcha atrás en el alza de los combustibles.

Pero la crisis se profundiza, y en julio luego de una nueva suba de combustibles se produce otro levantamiento junto a los taxistas y otros sectores. Más de 15.000 indígenas llegan a Quito para exigir que se revean las medidas. Luego de una gran movilización en la capital y que 50 nativos (entre los que se encontraban los dirigentes indígenas Antonio Vargas y Ricardo Ulcuango y el dirigente campesino Jorge Loor), dialogaran durante diez horas con Mahuad, la Conaie logra nuevamente sus objetivos y el presidente da marcha atrás en la suba y acelera el descongelamiento de los depósitos retenidos en marzo.

*"Hemos demostrado la fuerza que puede tener la unidad de las nacionalidades indígenas, junto a los campesinos, las organizaciones sindicales, y urbano-populares"*, señala Ulcuango.

*"El pueblo no se levanta cada tres meses. Tiene momentos y cuando lo hace hay que escucharlo. Cuando protesta contra medidas antipopulares como las que instrumentó el actual gobierno, hay que respetar su decir"*, dice Lluco.

## CINCO

Paralelamente a la profundización de la crisis económica y la efervescencia indígena, desde inicios de 1999 se comienza a gestar un descontento en parte de la oficialidad progresista de las fuerzas armadas que reclama acciones para poner fin a la corrupción de los banqueros, tales como encarcelación para los que permanecían en el país y pedido de extradición para aquellos que habían huido al exterior.

El gobierno hace oídos sordos y los mandos militares tampoco insisten en el pedido de los oficiales, creando un malestar generalizado y abonando a la gestación de una futura rebelión.

Con apenas el 8 por ciento de popularidad Mahuad ensaya un cambio intentado unificar a la derecha, los empresarios, los banqueros y los grandes medios de comunicación. Anuncia el 9 de enero de este año la dolarización de la economía ecuatoriana. Es la gota que derrama el vaso y sirve para que indígenas y militares se muestren contrarios al gobierno. El 10 y 11 la Conaie junto a otros movimientos sociales instala Parlamentos Populares en todas las provincias y el Parlamento Nacional de los Pueblos del Ecuador en Quito. El 15 de febrero se inicia el levantamiento indígena y popular por cese de los tres poderes del Estado. Los oficiales dan un ultimatun a los mandos y de ahí a la insurrección fue solo un paso. El levantamiento desemboca el viernes 21 en la toma del Congreso por parte de los indígenas, que cuentan con el apoyo de oficiales de las Fuerzas Armadas que se rebelan contra el gobierno.

Los líderes de la sublevación cívico-militar instalan en la mañana una Junta de Salvación Nacional, integrada por el coronel Lucio Gutiérrez, el presidente de la Conaie Antonio Vargas y el ex presidente de la Corte Suprema de Justicia Carlos Solórzano, y desconocen a los tres poderes del Estado.

En la tarde, el general Carlos Mendoza, jefe del Comando Conjunto de las Fuerzas Armadas pide la renuncia a Mahuad, que abandona el palacio de gobierno para que los jefes militares se instalen en el lugar.

En la noche, los integrantes de la Junta marchan hasta la sede del gobierno acompañados de miles de manifestantes para entablar conversaciones con Mendoza que mantenía el control de la mayoría parte de las unidades militares. Los sublevados reciben el apoyo de una parte del ejército, el movimiento indígena y las organizaciones sociales, que continuaban las protestas en las calles, con tomas de gobernaciones y edificios públicos en varias provincias.

A la una de la madrugada del sábado, los mandos militares llegan a un acuerdo con los insurrectos mediante el cual Mendoza pasa a integrar la Junta. Tres horas después éste junto a los mandos militares dan un Golpe de Estado y hacen asumir como presidente al vicepresidente Gustavo Noboa.

*"Mendoza traicionó al movimiento indígena y popular, y se puso al servicio de los corruptos que gobiernan este país"*, comentó Vargas.

*"Luego de comprometerse a respetar la voluntad de un pueblo que pide en las calles terminar con los banqueros corruptos y los politiqueros de siempre, Mendoza dio marcha atrás ensuciando su traje militar, pero los indígenas mantendremos nuestra movilización y seguiremos vigilantes"*, añadió.

El coronel Gutiérrez fue detenido en la madrugada del sábado por personas vestidas de civil que dijeron pertenecer a la inteligencia de las Fuerzas Armadas y la esposa del militar, Ximena Bohorquez, denunció a los medios de comunicación que temía por su vida. En las horas siguientes fueron detenidos otros oficiales que también fueron puestos a la orden de la Justicia Militar. Por su parte la Ministra Fiscal de la Nación, Mariana Yepez, solicitó al presidente de la Corte Suprema de Justicia, Galo Pico, que iniciara proceso y decretara la prisión preventiva de Antonio Vargas, Carlos Solórzano y los diputados Paco Moncayo y René Yandún por su participación en la rebelión

El presidente de la Conaie aseguró que el levantamiento indígena no ha sido un fracaso porque se ha confirmado la fuerza organizativa y el poder de movilización. "Hemos demostrado que somos una fuerza. Recogimos varias enseñanzas de esta insurrección, por lo que no volveremos a cometer los mismos errores de creer en traidores como los mandos militares", aseguró.

El dirigente también pidió a la Corte Suprema de Justicia que en caso de que quieren detenerlo, le informe cuándo debe presentarse en la cárcel. "Aquí estoy. No voy a correr, porque no soy banquero, ni empresario, ni uno de los que robaron plata del pueblo y corrieron a Estados Unidos", dijo. El dirigente argumentó que para encarcelar a todos los que participaron tendrán que construir cárceles gigantes, *porque somos millones en el campo y en las ciudades*.

Macas asegura que nada impedirá que los indígenas ecuatorianos sigan construyendo el poder. "Ushay", en kichwa el poder, es perfeccionar las condiciones de vida, es la capacidad de desarrollarnos colectivamente, desde el aporte de los distintos espacios", dice mientras mira a sus hermanos cuando inician la marcha de regreso a sus comunidades. Pero la historia no termina, solo vuelve a comenzar... una y otra vez, desde el mismo fuego, vuelve a comenzar.

# ENTRE FUEGOS

El fuego siempre surge con claridad, con límites establecidos por los bandos, pero a veces, cuando avanza por el camino del tiempo, se torna difuso, las llamas que parecían amarillas se hacen rojas y las rojas pueden ser azules. De esa manera, el fuego, que parecía tener sentido, se queda sin sustento y se come la vida. Sin embargo, a veces y siempre, el fuego puede ser parte del arco iris y asumir así todos los colores y lo que parecía difuso ya no lo es, aunque muchos quieran que lo siga siendo. Pero qué es el fuego sino una parte de la vida, la vida al fin y al cabo siempre es parte de la historia, y la historia camina con el fuego a su espalda. Ahora, diez años después de aquel levantamiento que revivió el fuego con sus siete colores y cuando el siglo se termina, vale retomar, ya no la magia de su imagen, sino su significado y caminar por él.

## CONGELADOS Y SIN PROGRESO

**Marzo 14 de 1999 (Sábado).** Ecuador vivió cuatro días de incertidumbre. Feriado bancario, estado de emergencia nacional, paro general de dos días y anuncio de nuevas medidas económicas fueron los hechos que marcaron esta semana del país.

En menos de dos meses quebraron cinco bancos y el estado asumió sus deudas desembolsando más de 1.500 millones de dólares. Muchos pensaron que el sistema financiero quedaba saneado. Sin embargo, el lunes 8, Banco del Progreso, el más importantes de la Costa, tenía problemas de liquidez.

Según fuentes extraoficiales, el gobierno no tenía dinero en caja para salvarlo, pero la quiebra podía provocar una demanda inusitada de dólares. Ese hecho incrementaría el precio de la divisa norteamericana en un 100 por ciento, como había sucedido la semana anterior.

Con ese temor y la presión de los grupos financieros de Guayaquil para que el gobierno salvara el banco, el presidente de la República, Jamil Mahuad, decretó un feriado bancario y anunció que el jueves 11 daría a conocer nuevas medidas económicas para paliar la crisis.

La noticia alimentó dudas sobre la estabilidad económica y política del país. Surgieron rumores sobre un posible autogolpe de Estado como salida política y la implementación de la convertibilidad o la dolarización como salida económica.

La incertidumbre aumentó cuando el mismo lunes, el presidente decidió extender el feriado bancario hasta el martes 9 y decretó el estado de emergencia nacional, prohibiendo toda movilización de protesta.

Con ese telón de fondo, el miércoles 10 se inició un paro general de 48 horas convocado por organizaciones sociales, sindicales y el movimiento indígena, y apoyado por partidos políticos de oposición. El gobierno declaró dos días de feriado nacional, y extendió así el cierre de bancos hasta el jueves.

Las ciudades más importantes de Ecuador permanecieron paralizadas los días 10 y 11. Los huelguistas realizaron marchas de protesta que fueron reprimidas, produciéndose enfrentamientos con la policía. En el medio rural, las carreteras de las regiones de la sierra fueron cerradas por indígenas.

La Coordinadora de Movimientos Sociales, la Confederación de Nacionalidades Indígenas del Ecuador, el Frente Unitario de Trabajadores, las organizaciones defensoras de derechos humanos y los partidos de izquierda y centroizquierda convocaron a un Congreso del Pueblo que el jueves 11 reunió a 3.000 personas.

El Congreso realizó una propuesta para salir de la crisis económica. En lo fiscal planteó restituir el impuesto a la renta; eliminar las exenciones del Impuesto al Valor Agregado (IVA), excepto para alimentos y medicamentos; crear un impuesto progresivo a los vehículos privados de lujo, aviones y yates particulares.

También promovió la eliminación de exenciones aduaneras, racionalizar el gasto público y suspender temporalmente el servicio de la deuda externa.

Por la noche del mismo jueves, el Presidente de la República anunció las medidas del gobierno, enfatizando que *"la gran batalla que debemos librar es contra la hiperinflación"*. Se destacó la subida de los precios de los combustibles en un 163 por ciento.

También anunció el envió urgente al Congreso de diez proyectos de ley. Uno de ellos incrementa el IVA de 10 a 15 por ciento y crea un impuesto a los autos avaluados en más de 15.000 dólares. *"Es mejor subir un impuesto a que el dólar se triplique"*, señaló Mahuad.

El Parlamento también tratará con carácter urgente otros proyectos enviados por el ejecutivo que allanan el camino para la inmediata privatización de las empresas de teléfonos, electricidad, petróleos, puertos y correos.

El feriado bancario se extendió hasta el lunes. Para evitar un retiro masivo del dinero el gobierno congeló depósitos en cuentas corrientes, cuentas de ahorros y plazo fijo, en sucres y dólares. El gobierno prohibió retirar por un año 50 por ciento del saldo en cuentas superiores a 200 dólares y el total de los depósitos en cuentas en moneda extranjera mayores a 500 dólares.

Antes de terminar su intervención, Jamil Mahuad afirmó que este paquete económico *"sentará las bases para implantar una futura convertibilidad, o directamente dolarizar la economía ecuatoriana"*.

El ex presidente socialdemócrata, Rodrigo Borja, discrepó con el plan anunciado por Mahuad y dijo que *"no se podrá combatir la inflación si se sube los combustibles más del 100 por ciento y se mantiene un presupuesto desfinanciado"*.

Miguel Lluco, dirigente indígena y Coordinador Nacional del Movimiento de Unidad Plurinacional - Pachakutik Nuevo País (brazo político del movimiento indígena y los movimientos sociales), dijo que las medidas eran un golpe a la clase media y a los pobres.

*"Congela los depósitos desde ciento cincuenta dólares afectando a los que menos tienen. Sube los combustibles provocando el alza en los precios de los artículos de primera necesidad. Mantiene el salvataje de bancos aunque el déficit fiscal se deba en gran parte a eso"*, comentó Lluco.

Las organizaciones sindicales e indígenas convocaron a la desobediencia civil y anunciaron movilizaciones de protesta para los próximos días con cortes de carreteras. Además amenazaron con un paro indefinido.

Un día después de anunciar las medidas, la popularidad de Jamil Mahuad llegó a su nivel más bajo. Así, en siete meses cayó 52 puntos: de 66 por ciento que tenía cuando asumió el gobierno a 14 por ciento que tiene hoy.

**Marzo 16 (Martes).** Camioneros y choferes de ómnibuses bloquearon carreteras de Ecuador al sumarse a la huelga iniciada ayer por los taxistas, que mantienen cortadas las calles de la capital en protesta contra el alza de la gasolina en medio de un incierto panorama político y económico.

Este miércoles comenzará, además, un levantamiento indígena. Miles de personas saldrán de sus comunidades para tomar las carreteras del país, y también interrumpirán el ingreso de productos agrícolas al mercado, lo que puede provocar, como en otras oportunidades, desabastecimiento en las ciudades.

El presidente Jamil Mahuad presentó el jueves un nuevo paquete económico en el que se destacaba la subida de los precios de los combustibles en un 163 por ciento y la congelación de los depósitos bancarios.

*"Con el precio de la gasolina no podemos trabajar. Si subimos las tarifas la gente no paga. Esto y el alza del dólar nos afecta. Muchos nos endeudamos al comprar automóviles nuevos con el dólar a 6.500 sucres y en tres meses se fue a 11.000"*, comentó Pedro Alava, dirigente de los taxistas.

Los quiteños debieron concurrir ayer y hoy a sus trabajos caminando o en bicicleta. Ni ómnibus ni automóviles particulares pudieron circular debido al bloqueo realizado por los 9.000 taxistas de la capital.

En otras ciudades del país también se interrumpió el tráfico, si bien no tanto como en la capital ecuatoriana.

El gobierno ordenó a las Fuerzas Armadas que retiraran los taxis de las calles, sobre la base del Estado de Emergencia Nacional que rige en el país desde la semana pasada.

El ministro de Defensa Nacional, general José Gallardo, acusó a los taxistas de causar caos y anarquía. "Eso no será permitido por las Fuerzas Armadas, que se encargarán de mantener el orden del país", comentó.

Los dirigentes de la Unión Nacional de Taxistas se reunieron el lunes con el ministro de Gobierno Vladimiro Alvarez, pero no llegaron a un acuerdo.

La huelga se mantiene con carácter indefinido. Este martes se sumaron los conductores de ómnibus urbanos e interprovinciales y los de transporte pesado, cortando algunas carreteras.

Con la protesta de los taxistas se inició una semana en la que distintos sectores sociales llamaron a la "desobediencia civil" para exigir al gobierno que revea parte de las medidas económicas.

*"Hicimos propuestas para salir de la crisis a los diputados del gobierno y a los ministros del área económica, pero nunca fueron tenidas en cuenta"*, dijo Antonio Vargas, presidente de la Confederación de Nacionalidades Indígenas del Ecuador (Conaie).

El movimiento indígena es el sector social con mayor capacidad de movilización en el país. Sesenta por ciento de la producción agrícola se cultiva en las pequeñas parcelas de sus comunidades.

*"Ante medidas económicas que solo golpean a los pobres, se imponen los hechos. Al gobierno no le importan nuestras opiniones, pero las nacionalidades indígenas y los movimientos sociales siguen abiertos al diálogo"*, dijo Vargas.

La ministra de Finanzas, Ana Lucía Armijos, señaló que *"las medidas no se van a rever porque son fundamentales para salir de la crisis"*. Sin embargo, aseguró que *"el gobierno siempre ha estado abierto al diálogo"*.

El levantamiento indígena sigue a la realización del Congreso del Pueblo, en el que representantes de movimientos sociales y partidos políticos de oposición elaboraron una propuesta económica alternativa que fue entregada al gobierno.

Ecuador está semiparalizado. La crisis económica y las protestas sociales colocaron en jaque al gobierno de Mahuad, que se encuentra a un paso de la ingobernabilidad.

Los rumores de la posible disolución del Congreso por parte del Poder Ejecutivo son insistentes. Sin embargo, el gobierno realizó una reunión urgente con los jefes de la oposición para pedirles propuestas destinadas a superar la crisis.

El general Paco Moncayo, ex jefe del Comando Conjunto de las Fuerzas Armadas y actual diputado de la socialdemócrata Izquierda Democrática, valoró la apertura del presidente al diálogo con la oposición.

Moncayo reclamó la eliminación inmediata del estado de emergencia y la rebaja del precio del combustible para que se restaure la paz social, de modo de instrumentar luego medidas alternativas que saquen al país de la crisis.

**Marzo 18 (Jueves)**. El presidente de Ecuador, Jamil Mahuad, se comprometió ante la oposición a suprimir el Estado de Emergencia y a corregir a la baja el decretado aumento de los combustibles, para enfrentar la crisis y las movilizaciones de protesta.

Mahuad explicó este jueves que el acuerdo alcanzado es producto del diálogo y que el hecho de ceder posiciones apunta a "parar la amenaza de un enfrentamiento entre ecuatorianos, pues los niveles de violencia llegaron a límites inimaginables".

"*Yo no quería causar problemas a nadie. Sólo buscaba una salida a la crisis fiscal que vive el país. Esperamos que con este acuerdo, volvamos a llevarnos unos con otros*", dijo el presidente.

El gobierno, puesto en jaque por movilizaciones de protesta que paralizaron el país durante cuatro días, resolvió derogar parte de las medidas de ajuste decretadas la semana pasada.

Mahuad realizó su anuncio cuando la Confederación de Nacionalidades Indígenas del Ecuador, la Coordinadora de Movimientos Sociales y el Frente Unitario de Trabajadores radicalizaban su movilización en todo el país.

Mientras, las Fuerzas Armadas aclararon en un comunicado que se oponían a incrementar la represión y que rechazan "*cualquier salida que vaya contra el sistema democrático*".

El embajador de Estados Unidos en Ecuador, Leslie Alexander también dijo a Mahuad que su gobierno no apoyaría ninguna salida dictatorial y lo instó a que negocie con la oposición para salir de la crisis. Estas declaraciones estarían evidenciando el hecho de que Mahuad tendría la intención de dar un autogolpe de Estado.

En ese escenario, legisladores oficialistas y opositores negociaron una resolución para compatibilizar el ataque al déficit fiscal con algunas aspiraciones de los sectores sociales.

El gobierno aceptó rebajar el precio de los combustibles, pero sin llegar al nivel previo a las medidas de ajuste. El incremento de los combustibles fue una de las principales causas de la reacción popular.

También se comprometió a flexibilizar el congelamiento de fondos bancarios, a retirar todos los proyectos de ley de privatización de activos del Estado y admitió las propuestas de la oposición en materia tributaria.

Se eliminan las exoneraciones al impuesto al valor agregado, con excepción de las previstas para alimentos y medicamentos, y se crean impuestos a las utilidades bancarias, a los vehículos de lujo y al patrimonio de las empresas.

*"Hemos demostrado el poder indígena. Hay que ver si el gobierno cumple con poner impuestos a las utilidades bancarias, a los vehículos de lujo y al patrimonio de las empresas. Hay que ver si cumple con impuestos a los que más tienen como acordó",* señala Ricardo Ulcuango, dirigente de la Conaie

Las ciudades más importantes fueron paralizadas por la falta de transporte público, el bloqueo de calles con taxis y barricadas y la movilización de los ciudadanos.

En el medio rural, miles de indígenas y campesinos ocuparon carreteras y detuvieron a soldados del ejército que sólo fueron liberados en canje por manifestantes detenidos días atrás.

Los campesinos retuvieron producción y ya hay síntomas de desabastecimiento en los supermercados de las ciudades.

Los vehículos que transportan productos agropecuarios hacia los centros urbanos están detenidos en las carreteras y los alimentos perecederos comenzaron a perderse.

Los productores lecheros no pueden llegar a las plantas pasteurizadoras por lo que ya comienza a faltar leche en algunas ciudades.

Habitantes de los barrios de la populosa zona sur de Quito se enfrentaron con el ejército, incendiaron un vehículo blindado e impidieron que los soldados despejaran los obstáculos al tránsito.

Mientras, pobladores de barrios periféricos de la ciudad portuaria de Guayaquil, principal centro comercial del país, resistieron la intervención de la policía y del ejército y saquearon comercios.

En Cuenca, la tercera ciudad de país, más de 30.000 personas marcharon por las calles con pancartas exigiendo la eliminación del paquete de ajuste y la destitución de Mahuad.

A pesar del pacto entre la oposición y el gobierno, los indígenas mantienen sus medidas de resistencia *"como una forma de garantizar que los acuerdos no se transformen en una componenda política y olviden a los sectores sociales"*.

Los transportistas también decidieron seguir con el paro. Exigen que el precio de la gasolina sea congelado y se conviertan a sucres las deudas que contrajeron en dólares al comprar sus automóviles.

*"La movilización nacional en el campo y la ciudad hizo ceder al gobierno. Los posibles acuerdos sólo serán aceptados por el pueblo si reflejan su voluntad"*, advirtió el dirigente indígena Miguel Lluco. Por su parte, el ex presidente Rodrigo Borja aumentó la incertidumbre al aclarar que su partido, la opositora Izquierda Democrática (ID), no ha llegado a ningún entendimiento con el gobierno.

Borja exigió la rebaja de la gasolina al precio que presentaba antes de las medidas dictadas la semana última. De otro modo, agregó, los diputados de ID no votarán los impuestos proyectados y no habrá mayoría legislativa para aprobarlos.

**Marzo 19 (Viernes).** Miles de indígenas mantienen hoy la ocupación de rutas y pueblos de Ecuador en protesta por las medidas económicas del gobierno, pese a que el presidente Jamil Mahuad recibió a sus representantes para dialogar sobre sus reclamos.

La movilización indígena se mantendrá hasta que se formalice en el parlamento un acuerdo con el Poder Ejecutivo que atienda los reclamos que dieron origen a las protestas, en especial el descongelamiento de los depósitos bancarios.

Hasta ahora, el gobierno y el Congreso legislativo unicameral acordaron la rebaja del precio del combustible, lo que permitió el levantamiento de la huelga de transportistas encabezada por los taxistas.

Grupos indígenas tomaron este viernes a la madrugada una central hidroeléctrica en la provincia de Tungurahua y cortaron la luz de varias zonas.

El gobierno, puesto en jaque por movilizaciones de protesta que paralizaron el país durante cuatro días, resolvió derogar parte de las medidas de ajuste decretadas la semana pasada.

Mahuad realizó su anuncio ayer, cuando la Confederación de Nacionalidades Indígenas del Ecuador, la Coordinadora de Movimientos Sociales y el Frente Unitario de Trabajadores radicalizaban su movilización en todo el país. La capacidad de movilización de los indígenas hace que sea una referencia obligada en la agenda política de este país en los últimos años.

## TRISTEZAS ANCESTRALES Y TRISTEZAS MODERNAS

**Mayo 5 (Miércoles).** La crisis económica que vive Ecuador hizo crecer los casos de depresión en Quito, Guayaquil y Cuenca, las principales ciudades del país, según concluyeron investigaciones especializadas.

El aumento del desempleo, la congelación de las cuentas bancarias por parte del gobierno y la inestabilidad que vive el país llevaron a que gran cantidad de ecuatorianos presenten síntomas depresivos, señalaron.

La enfermedad ataca a gente de distintas edades y clases sociales, y termina en muchas ocasiones de forma trágica porque lleva a un elevado número de ecuatorianos, sobre todo jóvenes, a intentar el suicidio.

En los últimos seis meses se registraron más de 1.000 casos de intentos de autoeliminación.

Bernardo Arauz, psicólogo y miembro del departamento de salud mental del hospital Voz Andes, advirtió que 80 por ciento de los suicidios reportados en esa casa de salud en los dos últimos años fueron cometidos por adolescentes.

El médico psiquiatra Luis Fierro explicó que la situación económica hace que la familia se desestabilice y pierda posibilidades de comunicación, un caldo de cultivo para la depresión. *"En los últimos meses muchos padres de familia están preocupados en enfrentar la crisis y se despreocuparon de los hijos. Esa carencia afectiva hace que muchos jóvenes piensen en la alternativa loca del suicidio"*, dijo.

En marzo, la inflación creció 13,8 por ciento, una cifra histórica, según un informe del Instituto Nacional de Estadísticas y Censos.

En el primer trimestre del año, el aumento acumulado de los precios al consumidor llegó a 20,2 por ciento y en los doce últimos meses a 54,3. *"La gente no sabe cómo responder a la crisis, y en los sectores de clase media se han dado casos de personas muy angustiadas por el congelamiento de sus cuentas bancarias"*, comentó Fierro.

Según las estadísticas, hasta el año pasado la mayor causa de depresión en las ciudades era la soledad. En los tres primeros meses de este año, el 70 por ciento de los casos se atribuyen directa o indirectamente a la situación económica.

En las zonas indígenas de los Andes ecuatorianos a las causas económicas hay que sumarle otras de carácter cultural. En una comunidad de Otavalo, dos horas al norte de Quito, en la provincia de Imbabura, Salvador me habla de la tristeza, de cómo es difícil espantarla de su mirada y de tantos de sus hermanos. Recuerda a un señor que había estado por esa zona investigando "por qué él era triste" pero se fue y nunca le dijo "si había descubierto el origen de las lágrimas". Si bien -como señalan algunos psiquiatras-, en los habitantes de la ciudad la depresión puede ser una consecuencia de la soledad, en los indígenas de origen kichwa como Salvador también habría que tomar en cuenta raíces culturales que se han ido traspasando de generación en generación.

El médico canadiense Michel Tousignant que ha vivido muchos años en Ecuador, donde realizó varios estudios con las poblaciones kichwas, fue unos de los primeros en marcar que la depresión tenía también rasgos culturales. Durante su estadía en el país realizó una investigación sobre el llaqui o pena, que afecta a las poblaciones kichwas y lo describió como una "ideología de la resignación, reflejo de la sicología de la marginalidad" y enfatizó en la importancia que adquiere lo cultural en esta enfermedad. Para esa conclusión sumó a sus estudios el decir de los propios indígenas, quienes señalan que desde tiempos ancestrales muchos padecen de esta "enfermedad de la tristeza" que, siempre ha sido tratada por los shamanes.

A pesar de lo singular del estudio, Tousignant nunca pudo profundizar lo suficiente y la mayoría de los psiquiatras nunca lo tomaron mucho en cuenta ni siquiera para continuar la investigación. Es así, que hasta hoy en Ecuador, se sigue hablando del llaqui como parte de la mitología del pueblo kichwa. Pero esa realidad comenzó a cambiar cuando el doctor Mario Maldonado (quien obtuviera una Maestría en Psiquiatría en la Universidad McGill de Canadá) se decidió a continuar el trabajo de Tousignant, aportando bases científicas a la investigación, y comprobando que el llaqui no tiene nada de leyenda, pues es lo que en la medicina occidental se conoce como depresión.

El trabajo, denominado "Llaqui y depresión: un estudio exploratorio entre los kichwas de Ecuador", se llevó a cabo en la ciudad de Otavalo, al norte de Quito. Allí se realizó una investigación sobre las experiencias depresivas en distintos grupos. Finalmente se tomaron cincuenta personas que padecían el mal y se determinó el diagnóstico psiquiátrico. Para eso, Maldonado contó con la ayuda de diez shamanes o yachactaitas que ya habían implementado distintos tratamientos para sus pacientes y desarrollaron ciertas teorías sobre la enfermedad.

Hasta hace poco, para los psiquiatras ecuatorianos el llaqui era solo parte de la creencia popular, sin ninguna importancia clínica, por lo tanto, sin la necesidad de un tratamiento médico. Como consecuencia de ese pensamiento, cada vez que se presentaba un caso de llaqui, los médicos recetaban analgésicos o vitaminas, que eliminaban los síntomas pero no curaban la enfermedad.

Tras la investigación de Maldonado, que antes de sus primeras comprobaciones sobre la existencia de "la tristeza kichwa" en el área rural de Otavalo, pensaba similar a sus colegas, se comprobó que las personas con llaqui necesitan realizar un tratamiento psiquiátrico pues "tienen desórdenes psicológicos". Y según un estudio socioeconómico complementario, "el llaqui produce un impacto económico, psicológico y social muy negativo, ya no sobre el afectado sino sobre su familia e incluso sobre la propia comunidad, pues muchas veces éste desiste del trabajo y se dedica a la bebida por lo que se hace necesario buscar formas de tratar la enfermedad de forma más efectiva". Para poder lograr eso, el médico ecuatoriano recomienda que "los trabajadores de la salud que frecuentemente se encuentran con casos de llaqui no basen el tratamiento, solamente en lo que recomienda la psiquiatría y, se nutran más de las creencias kichwas que aportan todo un tratado cultural sobre la enfermedad y cómo tratarla". Es la suma de la medicina occidental y la sabiduría indígena contra la depresión.

**Mayo 6 (Jueves).** El dolor ancestral de los kichwas también se refleja en la tristeza moderna de las comunidades que nos son respetadas por el poder blanco-mestizo. Comunidades indígenas de la provincia de Napo, en la Amazonía de Ecuador, realizan hoy protestas por la contaminación del río Misahuallí, causada por la construcción de un oleoducto.

En las últimas dos semanas causó alarma en los pueblos de esta zona petrolera el aumento de diarrea en los niños y la aparición de hongos en la piel de gran cantidad de personas.

El análisis médico constató que estos síntomas eran consecuencia de enfermedades producidas por el consumo y utilización del agua del río.

La dirigente indígena Martha Tapuy dice que los niños están enfermos y carecen de medicinas, por lo que las comunidades piden "la intervención de las autoridades".

"El río es parte de nuestra vida. Si no tomamos el agua de él no tenemos de dónde sacarla", afirma.

La contaminación es atribuida a los desechos arrojados por la compañía Argep, constructora del oleoducto, que no utiliza tecnología adecuada para proteger las aguas, según los expertos.

Decenas de indígenas tomaron el viernes pasado un puente para impedir el paso de los trabajadores de la empresa y se enfrentaron con militares y policías antes de ser desalojados.

En otra zona cercana, mujeres y niños de las comunidades se apoderaron de una retroexcavadora de la empresa y mantuvieron secuestrados a los operadores, sin causarles daño.

Los indígenas exigen que la compañía detenga la construcción del oleoducto y descontamine el agua antes de continuar con las obras. Mientras eso no ocurra, piden tanques para proveerse de agua de lluvia destinada al consumo diario.

Luego de las protestas, se instaló una mesa de diálogo entre el gobernador de la provincia de Napo, Edgar Santillán, dirigentes indígenas de la Amazonía ecuatoriana y ejecutivos de la compañía petrolera.

La empresa se comprometió a cumplir con el pedido de las comunidades. Sin embargo, los dirigentes indígenas señalaron que se mantendrán a la expectativa y que, si no se soluciona el problema, emprenderán nuevas acciones, lo que podría trasladar el conflicto a las demás provincias amazónicas del Ecuador.

Turquino Tapuy, dirigente de la Federación de Organizaciones Indígenas de Napo señala que el daño causado por las petroleras no es un problema nuevo. Por eso, *"las comunidades no confían mucho en la palabra de los personeros de esas compañías"*, dice.

La organización ambientalista Acción Ecológica denunció que *"la actividad petrolera en el oriente ecuatoriano está destruyendo una de las zonas de mayor biodiversidad del planeta y amenaza seriamente la supervivencia de muchas comunidades indígenas".*

Los problemas producidos por el petróleo no son de ahora. En la década de los años 30 la compañía Shell realizó las primeras exploraciones en la Amazonía, lo cual introdujo enfermedades que provocaron la muerte de cientos de indígenas huaorani por carecer de defensas para las mismas.

Desde 1967 a 1990 la explotación petrolera en la Amazonía fue realizada únicamente por Texaco Petroleum Company y más tarde por la empresa estatal Petroecuador y diez compañías extranjeras.

Al retirase Texaco, varios pueblos indígenas apoyados por organizaciones ecologistas, iniciaron en Estados Unidos una demanda contra la compañía por daños y perjuicios ambientales ocasionados durante los años en que explotó el petróleo en el lugar.

Los demandantes demostraron que la empresa no utilizaba tecnología de protección ambiental de uso común en otros lugares donde se explota petróleo, lo que provocó la contaminación de ríos y daños irreparables en la flora y la fauna de la región.

Los últimos gobiernos ecuatorianos, incluido el actual de Jamil Mahuad, no apoyaron las acciones legales contra Texaco y pidieron a los tribunales de Estados Unidos que rechacen la competencia y la transfieran a Ecuador, lo que fue apoyado por la propia petrolera.

A pesar de eso, el proceso judicial sigue su curso y se espera que la justicia estadounidense obligue en los próximos meses a la empresa a descontaminar las zonas afectadas y a indemnizar a las comunidades indígenas.

Valerio Grefa, diputado indígena de la Amazonía, señala que es fundamental atender a las comunidades afectadas por la contaminación petrolera. De lo contrario, advierte, podría registrarse una catástrofe sanitaria.

*"Además de que puede haber problemas irreversibles en la salud, hay un ataque a los símbolos de nuestros pueblos, a su mundo, y cuando eso sucede solo les queda luchar"*, dice Grefa.

En estos días se conoció otra noticia alarmante para la Amazonía ecuatoriana. El delfín rosado, una de las especies más raras de la región corre peligro de extinción.

La bióloga Judith Denkinger, especialista en delfines rosados señaló que estos animales podrían desaparecer si no se detiene la deforestación y la contaminación de las aguas de los ríos Cuyabeno, Aguarico, Lagarto y otros en los que éstos acostumbran a cobijarse.

Un derrame de petróleo en Shushufindi contaminó en 1993 el río Aguarico y produjo la muerte de decenas de delfines.

En estos seis años otros derrames y la deforestación provocaron la desaparición de más cetáceos, colocándolos al borde de la extinción.

Los delfines que pudieron sobrevivir a la contaminación continua se refugiaron en ríos y lagos más inaccesibles en la frontera entre Perú y Ecuador, donde Denkinger instaló un observatorio para estudiar su comportamiento.

Con la firma de la paz entre los dos países se anuncia una mayor explotación de la zona, extendiendo la amenaza de contaminación petrolera al último reducto del delfín rosado.

Denkinger dijo que si no se para la deforestación y la contaminación petrolífera de los ríos, desaparecerá una especie única en el mundo.

*"Solo quedará la leyenda indígena según la cual los delfines rosados se transforman en hombre o mujer para encontrar su pareja en las comunidades ribereñas y que, cuando la encuentran, regresan con ella al río, donde los dos vuelven a ser delfines"*, comentó la bióloga.

**Mayo 10 (Lunes).** Obligados a vivir en lo alto de la montaña, en el páramo seco y árido, sin agua, sin servicios de salud, sin trabajo, con poca tierra, los campesinos de Licto, un pequeño rincón del Chimborazo, se vieron obligados a sobreexplotar cada pedazo de terreno. Esa fue su salida, pero también su perdición. La ciudad fue el otro escape. *"Con el correr del tiempo la tierra comenzó a ponerse flaquita y ya no había casi lugar donde plantar. Unos se fueron a la ciudad a sobrevivir. Otros nos quedamos acá peleando por conseguir las tierras bajas que eran de nuestros antepasados, y haciendo todo para que las tierras altas produzcan un poquito"*, comenta una indígena de la zona.

Y así, uniendo esfuerzos, los indígenas del lugar fueron venciendo adversidades y construyendo su historia y comenzaron a trabajar para recuperar tierras que estaban botadas en manos de la aridez. *"Recupe-*

rar la tierra para nosotros es como recuperar cultura, recuperar nuestra vida y la de nuestros abuelos. Y ahí vamos yendo bien", dice Emilio un dirigente del Movimiento Indígena de Chimborazo (MICH), filial de la Conaie.

Con métodos tradicionales indígenas que habían dejado de utilizarse hacía décadas, terrenos que se habían tornado desierto comenzaron a producir. La dureza de la cangahua comenzó a transformarse en tierra fértil.

La terraza, la pirca, la zanja, la protección de los árboles nativos. En fin, la agroforestación ayudó a los campesinos de Licto en su lucha por un pedacito de terreno para sembrar. "Nosotros hemos recuperado tierras que estaban improductivas en manos de los hacendados, gracias a la lucha. Pero además estamos recuperando suelos en los que nadie se imaginaba que algún día se pudiera plantar. Muchos decían que estábamos locos pero el tiempo nos dio la razón. Además demostramos que se puede producir colectivamente y lo estamos haciendo", dice Emilio.

Además de utilizar técnicas andinas tradicionales para proteger los sembríos se comenzó a reforestar la montaña, que en cincuenta años había sido totalmente deforestada. El árbol nativo fue importante en la protección de los cultivos, no permitiendo la erosión y protegiendo los sembríos de la lluvia fuerte. Se instrumentaron dos viveros de árboles nativos que brindan los arbolitos necesarios para la reforestación de la zona.

La minga, el prestamanos, el trabajo colectivo, ayudaron a mantener unidas las diferentes comunas de Licto, ayudaron a resistir, a vencer las dificultades. *"La minga es una forma de trabajo solidario que está arraigada a nuestra cultura. Es una forma que tenemos los indios de ayudarnos y ayudar a la comunidad. El trabajo de recuperación de tierras se hace en mingas con amplia participación de nuestra gente. Después los que se produce en esos terrenos es para todos"*, dice Josefa, otra indígena de la zona.

En estos últimos años también se cumplió otro anhelo de las comunidades de Licto y del Chimborazo, con la implementación de un sistema de regadío que ayudó a mejorar la producción. Sin embargo, todavía el agua es poca para los campesinos del Chimborazo y otras zonas de la Sierra, y el páramo se quiebra. Pero a pesar de los dolores los indígenas están convencidos de que es imposible ver la recuperación de suelos en forma aislada porque es solo una partecita de un trabajo integrado que involucra una forma distinta de ver el mundo, y la construcción de una vida mejor. Así, quebrando la aridez o peleando en los levantamientos indígenas... así, en cualquier fecha, cualquier imagen, cualquier mirada, encontramos a los campesinos de Licto construyendo su destino. Lentamente, día tras día, caminamundos del futuro.

**Junio 18 (Viernes).** El último informe sobre el mercado de trabajo de Ecuador realizado por la empresa consultora Cedatos, reveló que solo 27,5 por ciento de la población económicamente activa cuenta con un empleo de tiempo completo, un dato que contradice las promesas electorales del presidente Jamil Mahuad.

Desde que Mahuad asumió la presidencia en agosto de 1998 hasta fin de mayo de 1999, el desempleo subió de 13 a 18,1 por ciento y el subempleo se situó en el 54,4 por ciento.

Polivio Córdoba, director de Cedatos, estimó que la promesa de crear 900.000 puestos de trabajo hecha por Mahuad "no solo no se cumplió, sino que la situación empeoró. Córdoba recordó, además, que *"esa oferta fue una de las mejores plataformas para su victoria".*

De la población económicamente activa de 3,5 millones de personas, *"72,5 por ciento está desempleada o parcialmente ocupada, y la mayor preocupación de los que tienen trabajo es de perderlo",* señaló Córdoba.

Desde agosto de 1998 hasta mayo se quedaron sin empleo 141.000 personas, y durante este trimestre 22.000 ecuatorianos que ingresaron a la fuerza de trabajo no obtuvieron el que buscaban.

Muchos de los considerados con empleo tienen contratos temporales, ya que la mayoría de las empresas decidió aplicar la flexibilización laboral y eliminar gran parte de los contratos fijos para no pagar los impuestos que genera el trabajador estable.

Jorge Vivanco Mendieta, analista político y subdirector del diario Expreso, uno de los más importantes de Ecuador, sostuvo que la crisis económica y su inferencia en el empleo se debe a la conducción político-económica de los últimos 20 años, a la que no escapa el actual gobierno. *"Los principales personajes que han dirigido la política económica del país desde hace 20 años son los mismos",* comentó Vivanco

El periodista aseguró que un "reducido grupo de personajes *"ha manejado la dirección de los organismos financieros estatales representan-*

*do intereses de grupos de poder cuya voracidad produjo una injusta redistribución de la riqueza y utilizó el fisco a su gusto".*

El analista económico Alberto Acosta aseguró que el panorama ecuatoriano presenta un grave cuadro depresivo con pronóstico reservado.

En 1998, el déficit comercial superó los 1.000 millones de dólares, revirtiendo la tendencia positiva que se mantenía desde 1979; la reserva monetaria internacional cayó de 1.837 millones de dólares en agosto de 1998 a 1.300 en mayo de este año.

En marzo de 1999 se registró la mayor inflación mensual en muchos años, 13,5 por ciento, lo que llevó el aumento del costo de vida anualizado a 54,3 por ciento.

El déficit fiscal llegó en 1998 a 1.200 millones de dólares, seis por ciento del producto interno bruto, y se presume que en 1999 puede subir a 7,3 por ciento.

Para 1999 se espera una caída de siete por ciento del producto interno bruto, lo que agudizaría la tendencia recesiva.

El dólar pasó de 7.500 sucres en enero de 1999 a 10.300 sucres en la actualidad, con un pico de casi 19.000 sucres en marzo *"La devaluación registrada equivale a 90 por ciento. Esta situación afecta a los agentes económicos endeudados en dólares, que constituyen 60 por ciento de los créditos, quienes ven una forma de reducir gastos en la reducción de personal"*, comenta Alberto Acosta.

Para Acosta, la crisis se debe en parte a los efectos del fenómeno climático de El Niño que, según la Comisión Permanente para América Latina (CEPAL), ocasionó pérdidas de 2.900 millones de dólares y egresos por más de 700; a la caída del precio del petróleo y de las exportaciones; al ingreso de productos asiáticos baratos por las devaluaciones y a la incapacidad del gobierno para saber contrarrestarla.

*"El ingreso de productos asiáticos produce un desempleo inmediato, ya que la industria nacional compite, reduce sus ventas y reduce personal"*, comentó.

Otro peso es el servicio de la deuda externa que bordea la mitad del presupuesto estatal mientras los trabajadores de la salud, administrativos y profesores universitarios, maestros y otros empleados públicos no cobran sueldo hace dos meses. A los maestros se les pagó el sueldo de abril con cheques sin fondo. *"El servicio de los Bonos Brady (deuda comercial) realizado en las primeras semanas de 1999 dejó vacías las arcas fiscales y obligó a suspender los sueldos del sector público durante el primer trimestre*", aseguró el economista.

Para Acosta, el manejo de la crisis por parte del gobierno de Mahuad fue negativo.

"*Prefirió atender demandas del capital financiero y dejó que la crisis, en ciernes cuando empezó su gestión, germinara, alcanzado niveles sumamente preocupantes*", aseguró.

Acosta también considera desestabilizante la aprobación de un presupuesto desfinanciado para 1999, la eliminación del impuesto a la renta y la creación del impuesto a la circulación de capitales que retiene uno por ciento de toda transacción financiera.

Para Acosta, el nuevo tributo agudizó las presiones especulativas en la medida que muchos agentes económicos optaron por comprar dólares y sacarlos del país para no pagarlo. "*Además, incentivó la desintermediación financiera, porque muchos medianos y pequeños ahorristas optaron por no trabajar más con los bancos, con un impacto negativo en el debilitado sistema bancario*", confirmó.

Según Acosta, estas medidas se completan con el deseo de acelerar las privatizaciones de petróleo, electricidad, teléfonos y puertos.

"*En su afán por reducir el tamaño del Estado en el número de funcionarios y en su gestión, Mahuad eliminó entidades del sector público y dispuso la privatización de otras, que no necesariamente son deficitarias. Eso aportó al desempleo*", afirmó.

También aseguró que la congelación por un año de los depósitos bancarios fue fundamental para la caída del empleo, ya que provocó el cierre de empresas.

El 11 de marzo, el gobierno dispuso la congelación por un año de 50 por ciento de los saldos de las cuentas corrientes y de ahorros superiores a 200 dólares y el total de los depósitos en cuenta corrientes y a plazo en moneda extranjera mayores a 500 dólares.

El congelamiento afectó a 2.500 millones de dólares, propiedad de los 3,5 millones de ecuatorianos con cuentas bancarias. "*Con la congelación se pretendió salvar al sistema financiero, traspasando capital de trabajo y ahorros de los particulares a la banca, en vista de que el Estado no tiene recursos para sostener la crisis, con más de 10 entidades asistidas por quiebra*", aseguró.

Según el Ministerio de Trabajo, entre enero y abril quebraron más de 400 pequeñas y medianas empresas, lanzando a la desocupación a más de 90.000 personas. Fuentes empresariales aseguran que en abril cerraron 100 pequeñas y medianas industrias dejando desempleadas a 30.000 personas.

Mientras, algunas empresas grandes como Jabonería Nacional, Sumesa y Grasas Unico, además de reducir personal, dejaron de producir hasta terminar sus existencias y dieron vacaciones a sus empleados.

Vivanco no ve una salida al alcance de la mano, porque cree que *"la conducción política y económica sigue dominada por los mismos grupos de poder"*.

*"Allí estarán, mientras no aparezca un líder capaz de remover esta inercia política y cívica que es la base inconmovible de la crisis que nos agobia"*, afirmó.

**Julio 1 de 1999 (Jueves).** Un informe médico revela que las comunidades indígenas de Ecuador que habitan en áreas de producción petrolera están afectadas por una alta incidencia de cáncer.

La investigación se realizó en la zona petrolera de las provincias nororientales de Sucumbíos y Orellana, en la región amazónica fronteriza con Colombia.

Los resultados indican que la población de esa zona enfrenta el riesgo de padecer cáncer en una proporción tres veces superior al de otras partes del país.

Pero la situación se agrava más aún cuando se trata de determinados tipos de cáncer, como el de laringe cuyo riesgo de padecerlo es 30 veces mayor que en otros sitios del país, el de las vías biliares, 18 veces más, el de hígado y piel, 15 veces más, y el de estómago, cinco veces.

La investigación fue realizada por un equipo médico del Departamento de la Pastoral Social del Vicariato de Aguarico, con la colaboración de expertos de la organización Medicus Mundi y la Facultad de Higiene y Medicina Tropical de la Universidad de Londres.

El estudio, que se desarrolló durante seis meses, se basó en análisis del agua de los ríos, estudio de las poblaciones afectadas y en la investigación estadística del crecimiento de la incidencia cancerígena con relación al aumento de la explotación petrolera en los últimos 30 años.

También se comparó la incidencia de cáncer en esta región con la de otras zonas no petroleras del país y se estableció una relación directa entre la aparición de la enfermedad y la contaminación por petróleo.

Miguel San Sebastián, de Medicus Mundi, atribuye la incidencia cancerígena a la elevada contaminación con tóxicos que ha sufrido esta zona en los últimos 20 años, y alerta sobre el riesgo para la salud que implica seguir explotando petróleo sin control ambiental.

*"Los ríos, habitualmente utilizados por los residentes del lugar, están contaminados con petróleo en una proporción 200 y 300 veces mayor al límite permitido para el agua de consumo humano",* señala San Sebastián.

Este es el primer informe médico donde se establece una relación real entre la aparición del cáncer en una zona donde antes no se daba y la contaminación por la extracción petrolera.

*"Es un toque de atención para las autoridades. Aporta pruebas de que mientras persistan las fuentes de contaminación la salud de esta y otras poblaciones similares seguirá gravemente afectada",* aseguró San Sebastián.

En enero, el gobierno prohibió la extracción de crudo en 135.000 hectáreas de bosque húmedo tropical perteneciente a las reservas de Cuyabeno y Yasuní, ubicadas en el nororiente.

Estas zonas declaradas por la Organización de las Naciones Unidas para la Educación, la Ciencia y la Cultura como reservas de biosfera son consideradas frágiles, porque además de la biodiversidad, está en peligro la propia supervivencia de las comunidades kichwa, siona y cofán en Cuyabeno, y huaorani en el Yasuní.

Turquino Tapuy, dirigente indígena de la Amazonía, tiene dudas de que el decreto se cumpla, ya "que todos los gobiernos hacen este tipo de promesas y después sigue la explotación".

Por su parte, portavoces de la organización ambientalista Acción Ecológica indicaron que es necesario extender el decreto a otras zonas en riesgo, pero además hacerlo cumplir.

*"Solo el tiempo puede mostrar si la medida está siendo respetada",* señalaron.

Acción Ecológica ha denunciado que *"la actividad petrolera en el oriente ecuatoriano está destruyendo una de las zonas de mayor biodiversidad del planeta y amenaza la supervivencia de muchas comunidades indígenas".*

Amoco-Mobil, Arco, City, CGC, Elf, Oryx, Pérez Companc, Santa Fe, Tripetrol y Tritón son las compañías extranjeras que operan en la región amazónica extrayendo petróleo de zonas declaradas oficialmente como reservas naturales.

La investigación sobre la incidencia del cáncer confirma una realidad que ha sido denunciada en los últimos cinco años: la contaminación por efecto directo o indirecto de la explotación petrolera afecta a toda la Amazonía ecuatoriana.

A pesar de que el petróleo de la región amazónica ha contribuido enormemente a las finanzas del Estado, sólo tres por ciento del presupuesto se reinvierte en la zona, que a la vez registra los más altos niveles de pobreza del país.

**Julio 2 (Viernes).** Pero las tristezas indígenas también vienen de afuera. Al menos diez muestras de sangre de indígenas ecuatorianos se encuentran en venta en las denominadas "Boutiques del Genoma" en Estados Unidos. Esos comercios biológicos internacionales ofrecen muestras sanguíneas para la investigación científica en el área de la biogenética. De esa manera, los genes de los indígenas tsáchilas (colorados), chachis (cayapas), huaoranis y kichwas amazónicos traspasaron las fronteras del Ecuador. Sin embargo, estos pueblos nunca dieron su consentimiento para que se experimente con su sangre.

El Instituto de Investigaciones Médicas Coriell Cell Repositories exhibe una vasta colección de diversidad humana, en la que se encuentran muestras de distintos pueblos indígenas de América Latina. Los científicos del instituto se encargan de verificar el ADN para luego vender a laboratorios y Universidades cada muestra a cien dólares, ofreciéndolas incluso por internet.

Las muestras que ya fueron vendidas forman parte de los procesos de investigación del genoma humano que se desarrollan en Estados Unidos y Europa. Como ejemplo de esos estudios, se puede mostrar la evidencia de que en la investigación del tejido de los chachis se descubrió una característica genética de la inmunidad, conocida como HLA, y que es exclusiva de ese pueblo. El descubrimiento que podría ser sumamente importante para aumentar la inmunidad en enfermos de Sida, aparece citado en el texto *"La caracterización genética de los indios cayapas y su relación con otras poblaciones americanas"*. El estudio fue dirigido por el departamento de biología de la Universidad de Estudios de Roma. ¿Cómo llegaron las muestras a estas instituciones o a las boutiques del genoma? Sobre eso existe muy poca información y la comunidad científica ecuatoriana dice que ni siquiera estaba al tanto de este tipo de estudios internacionales.

Según las pocas informaciones que se conocen, la muestras fueron tomadas por integrantes de algunas sectas pentescostales, expulsadas hace algunos años del país.

Las muestras de los indígenas ecuatorianos están junto a las de indígenas de Venezuela, Colombia, Panamá y Brasil.

Los diputados indígenas de Colombia y Ecuador decidieron iniciar una acción judicial conjunta de carácter internacional para recuperar las muestras, y esperan el apoyo de las organizaciones ecologistas y de derechos humanos de otros países. Además están impulsando al interior de sus países una Ley que proteja la Biodiversidad. Por su parte distintos grupos de ecologistas, el Centro de Investigación de la Biopiratería de Canadá y la Fundación Internacional para el Desarrollo de las Poblaciones Rurales llamaron a *"oponerse a este tipo de programas que demuestran el carácter racista de la ciencia en el primer mundo, ya que muchas de las experiencias están dirigidas a una supuesta mejoría de la raza humana".*

El dirigente indígena Ricardo Ulcuango asegura que *"este hecho no sólo atenta contra la diversidad biológica de nuestro país sino fundamentalmente contra los derechos humanos de los pueblos indígenas. Además no deja de ser un atropello de las naciones poderosas contra nuestros pueblos".*

Los ejemplos de explotación de los recursos biológicos de Ecuador sin beneficios para el país, también denominada biopiratería, no son pocos. Sin embargo, *"nunca se había llegado al límite de que se llevaran la sangre de nuestros hermanos"* - comenta Ulcuango.

La Organización de las Naciones Unidas para la Educación, la Ciencia y la Cultura (UNESCO) adoptó la Declaración del Genoma Humano que establece los lineamientos éticos para la investigación genética. Esa declaración dice que *"antes de cualquier investigación de esta clase se debe realizar un completo estudio de riesgos potenciales y beneficios".* En otra parte señala que cualquier muestra debe ser tomada con el consentimiento de la persona, que tiene el derecho a decidir si quiere ser informada de los resultados del estudio o no.

La misma declaración dice que el material genético en cada individuo es una herencia común de la humanidad, por lo cual no puede producir ganancias económicas.

Por su parte los Países del Pacto Andino deben atenerse a la resolución 391 del Acuerdo de Cartagena, que exige contratos bilaterales entre los gobiernos y las compañías interesadas en acceder a los recursos genéticos. Pero aclara que en el caso indígena se debe consultar primero a las comunidades.

El Convenio sobre Biodiversidad, que tiene fuerza de ley internacional, dice que los recursos biológicos están en la órbita de la soberanía nacional. Además se plantea la necesidad del consentimiento y participación de quienes los poseen que, deben beneficiarse al compartirlos. El conocimiento, la participación y el acceso suponen que tanto el Estado como los pueblos indígenas conozcan el verdadero fin del trabajo de investigación y obtengan beneficios con esto.

Para Santiago Carrasco, presidente de la Fundación de Ciencia y Tecnología de Ecuador (FUNDACYT) hay *"un principio inviolable que debe ser respetado cuando se trata de la investigación genética: el de la dignidad humana"*. Para Carrasco, quien considera que ese principio ha sido violado, es *"fundamental una legislación que proteja la biodiversidad del Ecuador"*.

## LA HUIPALA VUELVE A LAS CALLES

**Julio 6 (Martes).** Los indígenas de Ecuador mantienen hoy la ocupación de rutas en protesta contra la decisión del gobierno de Jamil Mahuad de subir el precio de los combustibles e insistir en la privatización de las empresas públicas.

Miles de personas salieron de sus comunidades para cortar el tránsito en las carreteras del país e interrumpir el ingreso de productos agrícolas al mercado, lo cual puede provocar el desabastecimiento de las ciudades.

La protesta convocada por la Conaie se mantendrá hasta que el gobierno archive definitivamente la ley de privatizaciones.

Antonio Vargas, presidente de la Conaie, dice que al gobierno no le importa las opiniones indígenas, y ante el alza de los combustibles y la arremetida privatizadora no les queda otra posibilidad que protestar.

*"Las nacionalidades indígenas y los movimientos sociales siguen abiertos al diálogo, pero el gobierno de Mahuad no quiere escuchar. No queremos que se regale el patrimonio, como en Argentina y Chile, para después tener apagones"*, aseguró Vargas.

El parlamento consideró la semana pasada un proyecto de ley enviado por el Poder Ejecutivo, que otorga poderes especiales a Mahuad para decidir sobre la venta de las empresas estatales.

La oposición se declaró contraria a aprobar esa facultad, pero el gobierno anunció que en dos semanas enviará otra nuevamente, luego de buscar acuerdos con sectores que aceptan la privatización pero discrepan con los poderes especiales.

Los indígenas ya anunciaron un levantamiento para los días que se trate el nuevo proyecto, pero la protesta social subió de tono el ayer cuando 45.000 taxistas se declararon en huelga contra el aumento de combustibles decretado el viernes por la ministra de Finanzas, Ana Lucía Armijos, y exigieron su renuncia.

Con la medida, 60 por ciento de las actividades del país fue paralizada y las calles de las principales ciudades permanecieron cortadas, por lo cual miles de personas debieron concurrir a sus trabajos los dos primeros días de la semana caminando o en bicicleta.

En algunas provincias las comunidades indígenas se sumaron a los taxistas y bloquearon las principales vías de tránsito, precipitando el levantamiento decretado por la Conaie.

El estado de emergencia rige en todo el país desde el lunes, lo cual implica la movilización de las Fuerzas Armadas y la suspención del derecho de reunión y asociación.

Efectivos del Grupo de Operaciones Especiales de la policía invadieron el lunes por la noche el local del Sindicato de Taxistas y detuvieron a quienes encontraron reunidos en el local.

Los dirigentes sindicales que no fueron detenidos pasaron a la clandestinidad y las fuerzas de seguridad ya apresó a más de 80 manifestantes.

El ministro de Gobierno, Vladimiro Alvarez, dijo que no iba a aceptar imposiciones de los huelguistas, porque quien gobierna en Ecuador es el presidente Mahuad

De esa forma puso énfasis en la autoridad presidencial, cuestionada por analistas y diputados del propio gobierno, para quienes está gobernando la ministra de Finanzas.

Alvarez aseguró, además, que *"el gobierno está abierto al diálogo"* pero que no acepta discutir sobre la renuncia de Armijos.

Las clases están suspendidas en todos los centros educativos. Las protestas colocan nuevamente en jaque a Mahuad y Ecuador vuelve a estar semiparalizado como en marzo, cuando el gobierno decretó estado de emergencia, aumentó el precio de los combustibles, congeló cuentas corrientes y de ahorros mayores a 200 dólares y envió al Congreso la ley de privatizaciones.

En esa oportunidad, la reacción social fue contundente y las ciudades más importantes fueron paralizadas por la falta de transporte público, el bloqueo de calles con taxis y barricadas y la movilización de los ciudadanos.

En el medio rural, miles de indígenas y campesinos ocuparon carreteras, detuvieron a soldados del Ejército y retuvieron la producción agrícola produciendo el desabastecimiento en los supermercados de las ciudades.

Luego de una semana de protestas, esa vez Mahuad suprimió el estado de emergencia, corrigió a la baja el decretado aumento de los combustibles y retiró los proyectos de ley sobre privatizaciones.

Mahuad explicó posteriormente que el hecho de ceder posiciones apuntaba a *"parar la amenaza de un enfrentamiento entre ecuatorianos, pues los niveles de violencia llegaron a límites inimaginables".*

Tras insistentes rumores de posible autogolpe, las Fuerzas Armadas aclararon también que se oponían a la represión y rechazaban *"cualquier salida que vaya contra el sistema democrático".*

Hoy los rumores de golpe de Estado son más fuertes y fueron confirmados por monseñor José Eguiguren, secretario de la Conferencia Episcopal Ecuatoriana (CEE), quien pidió que nadie pensará en una salida dictatorial.

Eguiguren aseguró a radio La Luna de Quito que el país vive un momento dramático y que es necesario abrir espacios para un diálogo transparente, tomando conciencia de la profunda crisis económica que enfrenta el país y la dura situación de las clases media y pobre.

También dijo que se deben buscar soluciones más allá de las presiones de ciertos grupos poderosos que solo quieren beneficios para ellos, y puso énfasis en que sería gravísima una salida no democrática porque empeoraría la situación del país.

*"El gobierno debe tener el gesto de rever sus medidas. Es fundamental que demuestre sensibilidad con los más pobres, porque es alarmante ver que profesores y médicos no cobran sus sueldos de 1.500.000 sucres (150 dólares)",* dijo Eguiguren. Sus palabras causaron preocupación en el ambiente político.

Esos rumores se juntan con la presencia en el país de Charles Wilhelm, Jefe del comando sur del Ejército de Estados Unidos, que se reunió a puerta cerradas con representantes del gobierno.

Ecuador enfrenta la peor crisis económica en 30 años, con un desempleo de 18,1 por ciento y un subempleo de 54,4 por ciento.

El gobierno debe desembolsar este año 2.400 millones de dólares para pagar los servicios de la deuda externa y 1.500 millones más para sanear el sistema bancario, que afronta una profunda crisis con la quiebra de 10 entidades en los últimos ocho meses que ya costaron al Estado 1.600 millones de dólares.

Miguel Lluco, dirigente indígena del opositor Movimiento Pachakutik aseguró que *"la movilización nacional en el campo y la ciudad hizo ceder al gobierno en marzo y lo hará ceder ahora"*. *"Creímos que no sería necesario volver a realizar un levantamiento, pero el gobierno nos empuja. Ojalá la Conferencia Episcopal pueda mediar y haga sensibilizar a Mahuad, sino seguiremos en paro indefinidamente"*, aseguró Lluco.

**Julio 9 (Viernes).** La protesta nacional contra el gobierno de Ecuador se radicalizó hoy, cuando más de 3.000 indígenas de la provincia de Tungurahua, en la Sierra Central, ocuparon estaciones repetidoras de radio y televisión y cortaron la señal.

La medida es parte de la protesta nacional contra el gobierno de Jamil Mahuad, que comenzó el lunes con una huelga de taxistas y continuó con el levantamiento de los pueblos indígenas el martes.

A éstos se sumaron los afiliados al Seguro Campesino, maestros, trabajadores petroleros y de la salud, vendedores ambulantes, que se movilizaron en varias ciudades del país.

Los huelguistas exigen que se deje sin efecto el aumento de combustible decretado la semana pasada por el gobierno, y se archive definitivamente la ley de privatizaciones.

El presidente de la Confederación de Nacionalidades Indígenas de Ecuador, Antonio Vargas, asegura que si el gobierno no rectifica, entre este fin de semana y el lunes se producirá un levantamiento total.

Vargas dio a conocer un documento del Fondo Monetario Internacional (FMI) en el que se recomienda al gobierno un aumento del gas de 105 por ciento, y dice que si los militares reprimen la protesta habrá enfrentamientos.

"Han pasado cosas terribles como la subida de la gasolina, el documento de imposiciones del FMI y la insistencia en la privatización de las áreas estratégicas", arguye Vargas, y señala que en marzo se discutió la toma de Quito por unos 100.000 indígenas, pero se decidió suspender la medida.

Los indígenas y campesinos informaron que se proponen apoderarse de centrales hidroeléctricas y plantas de tratamiento de agua potable, así como bloquear el paso de los productos de primera necesidad.

La primera medida fue el cierre de carreteras en distintas regiones, que impiden la realización de ferias agropecuarias y mercados agrícolas, y la salida de productos agropecuarios desde las comunidades hacia las ciudades, por lo que se comenzó a sentir el desabastecimiento.

En Quito y Guayaquil, los precios de las pocas frutas y verduras que se encuentran en los supermercados están entre un 60 y 120 por ciento más caros que la semana pasada. También se comienza a sentir la falta de gas y en las próximas horas podría faltar gasolina.

En Quito, Guayaquil, Cuenca y otras ciudades del país no hay servicio de transporte público, porque los propietarios de autobuses no sacaron sus unidades debido al paro de los taxistas, que mantienen calles cortadas.

Desde el lunes rige en todo el país el estado de emergencia, que implica la movilización de las Fuerzas Armadas y la suspención del derecho de reunión y asociación.

Según la Dirección Nacional de Operaciones de la Policía, desde el comienzo de la protesta hay 273 detenidos.

El ministro de Gobierno, Vladimiro Alvarez ofreció a los transportistas un precio preferencial para los combustibles a cambio de que levanten la medida. Sin embargo, la ausencia de Pedro Alava, máximo dirigente de la Federación Nacional de Taxistas, no permitió que se llegará a un acuerdo.

Esa organización confirmó que no va a participar en las conversaciones hasta que no se levante el estado de emergencia y se libere a los taxistas detenidos y Alava aseguró desde la clandestinidad que los sindicatos del transporte que negocian con el gobierno el levantamiento de la huelga no son representativos.

La Conferencia Episcopal Ecuatoriana aceptó mediar en el conflicto a solicitud del gobierno y la Conaie.

Vargas manifestó que la Conaie acudirá a las conversaciones con el gobierno y la Conferencia Episcopal, si se deja sin efecto el último aumento de combustibles, se deroga el decreto de emergencia y se libera a los detenidos en las protestas.

El parlamento no pudo reunirse para discutir el levantamiento del estado de emergencia por falta de quórum.

El 76 por ciento de la población justifica el paro de los taxistas y el levantamiento indígena, según una encuesta de la empresa Cedatos realizada esta semana en Quito y Guayaquil.

La mayoría de las personas consultadas, no obstante, declararon que no participan del paro *"por temor a perder el empleo"* o porque salir a las calles a protestar *"afectaría el presupuesto familiar".*

Las protestas provocaron que la misión del FMI, que debía llegar a Ecuador este jueves, aplazara su visita hasta *"que el ambiente político interno se normalice",* lo que obligaría a postergar la firma de una Carta de Intención con ese organismo, que el gobierno de Mahuad pensaba concretar el día 16.

**Julio 10 (Sábado).** La Conaie aseguró que este lunes se radicalizará el levantamiento que encabeza en todo el país, complementado con actos de desobediencia civil en las ciudades.

La protesta nacional contra el gobierno de Jamil Mahuad comenzó el lunes con una huelga de taxistas y continuó el martes con el levantamiento de los indígenas, que exigen dejar sin efecto el aumento del precio del combustible decretado la semana pasada y el archivo definitivo de la ley de privatizaciones.

Desde el viernes, 8.000 indígenas de la provincia de Tungurahua, en la sierra central, a 100 kilómetros de Quito, mantiene tomadas estaciones repetidoras de radio y televisión y cortaron la señal.

Los indígenas subieron la montaña, a más de 4.200 metros sobre el nivel del mar, y sin dar tiempo a los 12 cuidadores se apostaron en los alrededores.

Un contingente integrado por 80 soldados del ejército intentó subir para desalojarlos, pero se quedó a medio camino porque los manifestantes cerraron con árboles, piedras y zanjas todas las vías de acceso a las antenas. Los uniformados sobrevolaron luego la zona en helicóptero.

Vicente Chato, dirigente de Conaie en la zona, relató que, al ver el artefacto, los indígenas se enfurecieron, alzaron sus machetes y cortaron los cables de las repetidoras, dejando sin emisión a varios canales y emisoras.

Luego, los indígenas se organizaron en comisiones y delinearon la plataforma de lucha de tres puntos: derogación del incremento del precio del combustible, congelamiento del de la gasolina y el gas y liberación de los taxistas apresados durante esta semana.

A 100 metros del lugar donde se encontraban los indígenas, comenzaron a descender del helicóptero militares armados que fueron rodeados por los campesinos, quienes les dijeron que si intentaban actuar podría registrarse un enfrentamiento.

En el mismo helicóptero llegó el gobernador de la provincia y directivos de los medios de comunicación para negociar.

Los dirigentes aceptaron restablecer la señal pero aseguraron que no se moverían de ahí hasta que el gobierno derogue las medidas, al tiempo que anunciaron que ya preparan una marcha de miles de nativos de la región hacia Quito.

A los taxistas e indígenas se sumaron en la protesta los afiliados al Seguro Campesino, maestros, trabajadores petroleros y de la salud, vendedores ambulantes, que se movilizaron en varias ciudades del país.

El presidente de la Conaie, Antonio Vargas, dice que si el gobierno no rectifica, entre este fin de semana y el lunes se producirá un levantamiento total.

A pedido de las bases, el viernes en la noche el dirigente de los taxistas Pedro Alava se hizo presente en una reunión con Alvarez, acompañado del Defensor del Pueblo y representantes de organizaciones de derechos humanos.

Tras la reunión tampoco hubo acuerdo ya que tanto taxistas como gobierno mantuvieron sus posiciones iniciales.

Alava aseguró que concurrió a dialogar por pedido de los taxistas pero que *"sólo se llegará a un acuerdo cuando el gobierno levante las medidas"*.

Por su parte, la Conferencia Episcopal Ecuatoriana, que aceptó mediar en el conflicto a solicitud del gobierno y la Conaie, no encuentra eco en las partes.

**Julio 11 (Domingo).** Decenas de comuneros de las cinco comunidades que forman parte del Cantón Tigua, provincia de Cotopaxi, se preparan para marchar hacia Latacunga, capital provincial, donde se reunirán con otros miles para tomar la ciudad, dentro del levantamiento indígena que paraliza el país. La mayor parte de los 3.500 indígenas del lugar, sobreviven gracias a una actividad que reúne a toda la familia: la pintura.

Cuando el hombre fue consciente de la belleza que lo rodeaba decidió estamparla en las paredes de las cuevas. El hombre grabando las montañas y la fuerza de los animales. El hombre mirando un mundo indescifrable donde las cosas no tenían nombre y descubriendo de pronto que podía dibujarlas, podía trasladarlas de sus ojos a la piedra. El árbol fue esa imagen, el agua ese movimiento, el viento un trazo furioso sobre la roca viva. El hombre cambió el oído por el ojo, y el ojo fue capaz de hacerle ver toda la magia del amanecer, el color del sol reflejando en la montaña y el salto de los animales corriendo por la selva.

Con el correr de los siglos el hombre fue perfeccionando su mirada y el mundo representado fue más vivo. Entonces, en cada rincón hubo un lugar para diseñar la realidad mediante el dibujo y la pintura. En América, los indígenas supieron tomar su mundo y llevarlo a la piedra, al cuero, a la madera. Así, el arte se hizo tradición en el camino del tiempo y se fue trasladando de generación en generación. Entre muchas geografías, los Andes también fueron fuente del color.

En la zona central de la cordillera ecuatoriana, particularmente en Chimborazo, Cotopaxi y Tungurahua, los indígenas decoraron durante muchos años los parches de sus grandes bombos con pinturas festivas. De esa forma, la montaña, los animales, las plantas, los ponchos, los sombreros, la cosecha, pasaron a ser parte de los tambores plasmando una costumbre ancestral.

Pero era necesario difundir la creación más allá de la región, y comenzaron a pintar todo ese mundo en cuadros de cuero que luego se llevaban a distintas partes del país.

Cuando uno recorre la zona de Tigua se encuentra con que mujeres, niños, hombres y ancianos se dedican casi enteramente a esta actividad. Primero se sacan los cueros de oveja y luego se tensan uno tras otro sobre bastidores de madera. Cuando están secos es hora de llevar color al mundo que los rodea.

Los paisajes de la zona, las ferias, las fiestas, la vida antigua de las haciendas, la misa, la vida de la casa, el trabajo de los pintores al hacer los cuadros, la lucha por la tierra, la lucha del movimiento indígena y tantas otras imágenes quedan estampadas en el cuero.

En las casas de los habitantes de Tigua nos encontramos con cuadros de todos los tamaños que luego serán llevado a Quito y otras ciudades para ser vendidos en las casas de artesanía que generalmente cobran buenos precios a los turistas. *"A nosotros nos representa un buen ingreso -comenta Pedro un indígena artesano de Tigua. Si bien las casa de artesanía cobra mucho más de lo que nosotros le vendemos, es la venta más segura. Claro que si pudiéramos comercializar directamente al público, sería mejor, pero eso es difícil porque no tenemos locales en las zonas donde van turistas".*

Si bien la pintura de Tigua es una tradición arraigada en estas comunidades de la sierra ecuatoriana, el arte se había desfigurado porque se puso énfasis sólo en lo comercial. *"El problema -dice Pedro- es que muchos artesanos mestizos de la ciudad se dedicaron a realizar obras semejantes a las de Tigua porque era un buen negocio. Pero su mirada no era indígena, no tenía nada que ver con nuestras comunidades entonces dejó de ser arte indígena, inclusive, las ventas bajaron mucho".* Pero hoy no son muchos los que pintan, hay que marchar a Latacunga.

**Julio 12 (Lunes).** El gobierno de Ecuador se encuentra acorralado por protestas que paralizan al país, en un clima de convulsión social similar al que se vivió en los días previos a la caída del ex presidente Abdalá Bucaram, en febrero de 1997.

Ayer 10.000 indígenas tomaron la ciudad de Latacunga, capital de la provincia central de Cotopaxi, 70 kilómetros al sur de Quito, y cortaron el puente de entrada a la misma, para protestar contra el aumento del precio del combustible decretado la semana pasada y pedir que se archive la ley de privatizaciones.

Horas más tarde llegaron 100 soldados del ejército e intentaron dispersar a los indígenas con gases lacrimógenos, pero sólo lograron enfurecerlos.

Los militares abrieron fuego contra la multitud e hirieron a 12 personas. Varias de ellas recibieron disparos por la espalda, como Segundo Bedoya, quien recibió una bala en la columna vertebral y corre riesgo de morir o quedar paralítico.

El hecho provocó fuertes protestas callejeras de los habitantes de la ciudad, a quienes se sumaron numerosos indígenas llegados de las zonas aledañas.

Los soldados huyeron en camiones, y aunque habían sido identificados como pertenecientes a un cuartel de la región, las autoridades señalaron que no eran de la zona, agregando que no sabían de dónde habían venido.

Dirigentes de la Conaie informaron que iniciarán un juicio penal contra el gobierno por intento de asesinato y aumentarán las protestas.

El dirigente indígena Ricardo Ulcuango, responsabilizó al ministro de Defensa, general retirado José Gallardo, por el ataque de los militares a los indígenas.

*"La represión militar fue contra una movilización pacífica y los disparos contra nuestros hermanos fueron por la espalda, como lo comprueba el parte médico. Eso tiene que explicarlo el ministro de Defensa"*, señaló Ulcuango.

También dijo que no aceptará excusas ni *"mentiras como las que saben inventarse en situaciones como ésta"*. *"Queremos justicia"*, subrayó.

Además de Latacunga, otros pueblos de la provincia fueron tomados para impedir que se realicen ferias y se saquen productos al mercado.

En la provincia de Tungurahua, limítrofe con Cotopaxi, la situación es similar. Desde el viernes están ocupadas las estaciones repetidoras de radio y televisión, cuyas emisiones interrumpieron.

El gobernador de la provincia llegó al lugar en helicóptero, acompañado por directivos de los medios de comunicación y por militares armados. Estos últimos fueron rodeados por los campesinos, quienes les dijeron que si intentaban actuar podría darse un enfrentamiento.

Tras negociar con el gobernador, los dirigentes indígenas aseguraron que mantendrían la ocupación de las estaciones hasta que el gobierno accediera a sus demandas, pero aceptaron reanudar el funcionamiento de las emisoras. Luego, cuando se enteraron de los incidentes en Latacunga, volvieron a cortar las señales.

En la mañana de hoy unas mil mujeres indígenas y campesinas de la provincia norteña de Imbabura, con la dirigenta Blanca Chancoso al frente, iniciaron una marcha de 200 kilómetros hacia la capital, y prevén unirse con otras que saldrán de distintas provincias para ingresar a la ciudad. *"Aquí está la mujer indígena peleando por mejores días"*, comenta Chancoso.

*"Los hermanos y hermanas vienen en marchas pacíficas, así que esperamos que no haya represión ni sean detenidos, porque están dispuestos a responder"*, dice Antonio Vargas, presidente de la Conaie.

Al ver que el cerco comenzaba a cerrarse sobre el gobierno, el presidente Jamil Mahuad anunció la congelación del precio actual de los combustibles hasta el 31 de diciembre.

Mahuad explicó que el precio del barril del petróleo había aumentado hasta superar los 15 dólares, y que eso permitía mantener el precio de los combustibles sin que aumentara el déficit fiscal.

Miguel Lluco pregunta si las autoridades no sabían que el precio del barril de petróleo ya era 15 dólares la semana pasada.

*"Este gobierno vuelve a mostrar su negligencia. ¿Por qué esperó hasta ahora para anunciar el congelamiento de precios? ¿Quería que llegáramos a esta situación?"*, añade.

Portavoces de diferentes organizaciones sociales dicen que no es satisfactoria la medida anunciada por Mahuad, y que demandan que los precios del combustible se congelen en los valores anteriores al último aumento.

Algunos sectores piden la renuncia del presidente, pero Lluco opinó que eso no sería una solución, pues si Mahuad abandonara su cargo sería sustituido por el vicepresidente o el presidente del Congreso, a quienes considera peores.

*"La solución está en rectificar. Que cambie la política económica, sustituya a la ministra de Finanzas, se preocupe por la realidad de los pobres y deje de darle dinero a los banqueros corruptos. Si no el país se va prender fuego y no habrá quien lo arregle"*, aseguró.

Todas las capitales provinciales del país están paralizadas, sin autobuses ni taxis, y ya comienza a sentirse el desabastecimiento de alimentos y la falta de gas, mientras se espera que pronto comience a escasear la gasolina.

Desde el lunes 5 rige en todo el país el estado de emergencia, con suspensión de los derechos de reunión y de asociación, y las Fuerzas Armadas están movilizadas. Según la Dirección Nacional de Operaciones de la Policía, desde el comienzo de las protestas hubo 320 detenidos.

El ministro de Gobierno, Vladimiro Alvarez, declaró que de todos modos la situación no es comparable a la que precedió a la destitución del ex presidente Bucaram, a quien el parlamento declaró mentalmente incapacitado para ejercer el gobierno, tras una oleada de protestas contra su política económica.

**Julio 16 (Viernes)**. El conflicto entre los transportistas y el gobierno que paralizó a Ecuador durante 12 días concluyó hoy, pero 15.000 indígenas advierten que permanecerán en esta capital mientras no se atiendan sus reclamos.

Los nativos, que llegaron a Quito en forma pacífica entre ayer y hoy, fueron objeto de dura represión a manos del ejército, que mantiene las calles de Quito bloqueadas y rodea el Palacio de Gobierno, donde el presidente Jamil Mahuad conduce las negociaciones con los diferentes sectores en conflicto. Varios indígenas fueron heridos de bala durante la llegada a la capital.

En la entrada sur de la ciudad, los participantes de la marcha fueron recibidos por la población que les mostraba su apoyo, pero en pocos minutos llegaron más de 1.500 militares en camiones y helicópteros que lanzaron bombas lacrimógenas contra la multitud y realizaron disparos al aire.

El ejército logró retrasar la llegada a Quito de los indígenas, que, de todos modos, se las ingeniaron para ingresar a la ciudad por zonas rurales, ya que todas las calles de entrada a la capital estaban tomadas por efectivos de las fuerzas armadas.

El dirigente indígena Ricardo Ulcuango se mostró indignado con la actitud del gobierno. *"¿Dónde está la sensibilidad de Mahuad?"*, se preguntó.

El miércoles Mahuad se mostró dispuesto a rever el aumento de los combustibles y crear un Fondo de Desarrollo para las Nacionalidades Indígenas pero sin precisar como lo haría. Para Ulcuango, las palabras de Mahuad, presionado por las protestas que paralizan el país hace 12 días, abrieron una puerta al diálogo. Sin embargo, el ataque militar contra los indígenas parecen cerrarla.

*"El presidente está acostumbrado a mentirnos. Por eso, hasta que no se hagan efectivos los anuncios no le creemos. Además, no levantó el estado de emergencia, medida fundamental para iniciar cualquier diálogo"*, dijo Ulcuango.

La protesta nacional contra el gobierno comenzó el 5 de julio con una huelga de los transportistas, que fue levantada hoy, y siguió al día siguiente con el levantamiento de los pueblos indígenas.

A éstos se sumaron los afiliados al Seguro Campesino, maestros, trabajadores petroleros y de la salud, vendedores ambulantes y pequeños productores bananeros.

Los huelguistas exigían que se deje sin efecto el aumento de combustible decretado el 1 de julio por el gobierno, y se archive definitivamente la ley de privatizaciones.

Desde el día 5 rige en todo el país el estado de emergencia (estado de sitio), con suspensión de los derechos de reunión y de asociación, y las Fuerzas Armadas están movilizadas. Hasta el momento hay tres muertos y una cantidad indeterminada de detenidos.

El parlamento unicameral ecuatoriano aprobó este viernes la amnistía para más de 500 presos, a propuesta del diputado Gilberto Talahua, del indigenista Movimiento Pachakutik, pero se estimaba que las liberaciones tardarían en concretarse.

*"El estado de sitio sigue. Hay dirigentes sociales presos y el ejército reprimió violentamente a nuestros hermanos que vienen de todos lo rincones en marcha pacífica",* comentó Talahua a la agencia de prensa Inter Press Service.

Ulcuango aseguró que el movimiento indígena mantiene el levantamiento y los campesinos que llegaron a Quito no dejarán la ciudad hasta que se libere a los presos.

Desde que comenzaron las protestas, los indígenas tomaron ciudades, procesadoras de agua potable, centrales eléctricas, y repetidoras de radio y televisión en distintas provincias de Sierra ecuatoriana, para el miércoles comenzar su marcha hacia Quito.

El ataque del ejército contra los indígenas en distintos puntos de la Sierra dejó decenas de heridos de bala, uno de ellos en estado grave y a punto de quedar paralítico y una joven de 14 años muerta.

Además, hubo casos de asfixia en todo el país y una niña alcanzada por una bomba lacrimógena quedó ciega.

Al menos 300 de los más de medio millar de detenidos en los 12 días que lleva la huelga contra del Gobierno se hallan a disposición de los juzgados militares.

Entre ellos figuran 56 dirigentes de las manifestaciones. El resto son conductores de taxi, ciudadanos que obstaculizaron las vías y unos pocos empleados.

Para las organizaciones de derechos humanos, la actuación del gobierno en estas protestas confirma la ubicación de Ecuador entre los países donde se registran las mayores violaciones de derechos humanos, de acuerdo con la estimación de Amnistía Internacional.

La organización había denunciado la actuación del Escuadrón de la Muerte en Guayaquil, las torturas y el asesinato contra el sindicalista socialista Saúl Cañar, el asesinato del diputado izquierdista Jaime Hurtado a pocos metros del parlamento, en el que intervino un colaborador de la policía.

También se menciona la muerte de dos personas en la provincia de Manabí a manos de parapoliciales y policías activos, la detención y tortura de un columnista del diario El Universo y la violación sistemática de hogares de personas sin ninguna vinculación a la delincuencia en Guayaquil.

Tras constatar esas violaciones a los derechos humanos, Elsie Monge, directora de la Comisión Ecuménica de Derechos Humanos (CEDHU), dijo que estaba preocupada por la represión contra los indígenas y distintos movimientos sociales que protestan contra el gobierno.

*"El gobierno está cometiendo graves violaciones de derechos humanos al haber dictado el estado de emergencia para frenar el malestar social que tiene su origen en las duras medidas económicas que afectan a la mayoría de la población"*, señaló la religiosa católica.

Monge agregó que la declaración viola la Convención Americana y el Pacto de Derechos Civiles y Políticos de Naciones Unidas "La militarización en los lugares con gran presencia, organización y unidad indígena ha dejado como saldo 17 ciudadanos heridos de bala y decenas de personas asfixiadas", aseguró.

Por otra parte, dijo que la aplicación de la Ley de Seguridad Nacional para procesar a civiles mediante el Código Militar viola el derecho a ser juzgado por tribunales con independencia e imparcialidad.

*"Por un lado, las fuerzas armadas son actores activos durante el estado de emergencia y, por otro, los tribunales castrenses pasan a ejercer justicia sobre hechos que no son propios de la función militar y que afectan a civiles"*, señaló.

Según una encuesta dada a conocer hoy por la Empresa Cedatos, 87 por ciento de los ecuatorianos no creen en la palabra del presidente Mahuad y 84 por ciento desaprueban su gestión. Su popularidad, que hace un año estaba en 66 por ciento, ha caído a 11 por ciento.

**Julio 17 (Sábado).** El presidente de Ecuador, Jamil Mahuad, se comprometió hoy ante la dirigencia indígena a congelar el precio de los combustibles y gas por un año al precio que regía antes de la última suba decretada el 1 de este mes.

Con este convenio, los nativos dejaron sin efecto las protestas que llevaban a cabo en todo el país.

Dirigentes de la Conaie y representantes de distintas regiones del país se reunieron por más de nueve horas con Mahuad y varios de sus ministros en la casa de gobierno, para concluir el acuerdo recién a las cinco horas de hoy.

Los indígenas plantearon una serie de reivindicaciones que fueron aceptadas por el gobierno, luego de lo cual se redactó un convenio que fue firmado por Mahuad, el ministro de Gobierno, Vladimiro Alvarez, el canciller Benjamín Ortiz y los dirigentes Indígenas Ricardo Ulcuango y Antonio Vargas.

Además de la congelación de los precios de combustibles y gas, el gobierno se comprometió a instalar en un lapso no mayor de 15 días una mesa de concertación con el movimiento Indígena y otros sectores sociales.

En esta instancia se discutirán la modernización del país sin necesidad de nuevas privatizaciones, la renegociación de la deuda externa y la posible negativa a la instalación de bases estadounidenses en territorio ecuatoriano.

El gobierno aceptó no enviar ningún proyecto de ley ni emitir decreto que tenga que ver con esos temas, antes de que se discutan en la mesa de concertación.

Mahuad señaló al término de la reunión que los acuerdos demostraban *"la sensibilidad del gobierno para terminar con el enfrentamiento entre ecuatorianos".*

Ulcuango aseguró que el convenio era una victoria de todos los movimientos sociales, pero cuestionó que siempre tengan que obtener logros luego de levantamientos. *"Ojalá que el gobierno se haya sensibilizado de verdad y no sea otra mentira para que no tengamos que levantar-*

*nos nuevamente. No puede ser que solo se nos escuche cuando nuestros pueblos salen de las comunidades a pelear"*, comentó.

También se acordó este sábado un subsidio al consumo eléctrico en zonas indígenas, facturación especial a vendedores ambulantes para que no paguen el impuesto al valor agregado en ventas menores de un monto a convenir, indemnizar a heridos y familiares de muertos en las protestas y la creación del Fondo de Desarrollo Indígena.

Mahuad aceptó descongelar las cuentas bancarias de organizaciones sociales y organismos no gubernamentales sin fines de lucro, congeladas el 11 de marzo.

En esa fecha el gobierno prohibió retirar por un año 50 por ciento del saldo en cuentas superiores a 200 dólares y el total de los depósitos en cuentas en moneda extranjera mayores a 500 dólares. *"En las negociaciones demostramos la participación indígena. Allí estuvieron representantes distintas regiones, no sólo los dirigentes, y así demostramos nuestra unidad",* señaló Ulcuango.

El acuerdo entre el gobierno y los indígenas se firmó luego de que 15.000 campesinos llegaran a Quito en marcha pacífica entre el jueves y la madrugada del viernes para tomar de manera simbólica la ciudad.

Los manifestantes fueron duramente reprimidos por el Ejército, cuyos efectivos mantenían las calles de la capital bloqueadas y rodeado el palacio gubernamental.

Desde el día 5 hasta hoy rigió el estado de sitio en todo el país, con suspensión de los derechos de reunión y de asociación, y las Fuerzas Armadas estuvieron todo el tiempo movilizadas. Durante los doce días de protestas se registraron tres muertas, decenas de heridos y más de 500 personas detenidas.

El parlamento unicameral ecuatoriano aprobó ayer la amnistía para los presos, pero hasta este sábado todavía no se había concretado la liberación.

*"El viernes se votó la amnistía y este sábado el gobierno levantó el estado de sitio tras el acuerdo a que llegó con mis hermanos. Sin embargo todavía hay dirigentes sociales presos porque el Ejército no los deja en libertad",* asegura Talahua.

Desde que comenzaron las protestas, los indígenas tomaron ciudades, procesadoras de agua potable, centrales eléctricas y repetidoras de radio y televisión en distintas provincias de la Sierra ecuatoriana, para el miércoles comenzar su marcha hacia Quito.

El viernes en la tarde los choferes de cargas pesadas y autobuses, que también estaban en huelga, llegaron a un acuerdo con el gobierno renegociar las deudas que tienen en dólares a cambio de que levantaran la medida.

Los dirigentes de los taxistas, en cambio, no aceptaron esa propuesta y anunciaron que seguirían el paro porque el convenio a que habían llegado los otros transportistas no representaba el sentir de las bases y había sido firmado por Judas.

En la mañana de hoy, tras el acuerdo que llegaron los indígenas con el gobierno, Pedro Alava, presidente del sindicato de taxistas, organizó la caravana de la victoria con 4.000 autos que recorrieron varios barrios de Quito.

De esa forma mostraban su agradecimiento a los nativos por lo que llamó *"un triunfo popular"*. *"Así damos gracias a la lucha de los indígenas que vinieron aquí a pelear por todos y conquistaron algo que no pudieron lograr los dirigentes del transporte"*, aseguró.

**Julio 19 (Lunes).** El movimiento indígena de Ecuador es, como quedó en evidencia en las últimas semanas, el único sector popular capaz de obtener logros concretos a través de la protesta en un país donde los sindicatos carecen de representatividad.

Nadie imaginaba que el gobierno de Jamil Mahuad accedería en puntos que una semana antes descartaba, como el congelamiento por un año del precio de los combustibles y el gas, pero se vio obligado a ello por el levantamiento organizado por la Confederación de Nacionalidades Indígenas del Ecuador.

La marcha de miles de nativos hacia Quito entre el jueves y viernes pasados hizo cambiar la posición al parecer inflexible del gobierno, que tras reprimirla violentamente con más de 1.500 soldados terminó cediendo a los reclamos.

El levantamiento de 1990 fue el punto de partida para esta nueva etapa en la que el movimiento indígena considerado el mejor organizado de América pasó de actor social a actor político.

El elemento étnico y la reivindicación del Ecuador como país plurinacional fueron, en principio, los factores de unión de las distintas nacionalidades, pero la Conaie decidió ir más allá y buscó alianzas con otras organizaciones sociales y sindicatos independientes para crear el Movimiento Pachakutik.

*"La importancia de Pachakutik está en que nace como una representación de los movimientos sociales, sin el tutelaje de ningún partido político. Ese factor sirvió para unir a los pueblos indios y no indios del país alrededor de un proyecto político alternativo",* dice Macas.

La fuerza inicial pareció entrar en crisis debido a las diferencias que surgieron en los últimos meses entre dirigentes indígenas.

Unos apostaron a acuerdos con el oficialismo para lograr la vicepresidencia del Congreso legislativo o dirigir el Consejo de Desarrollo para las Nacionalidades y Pueblos del Ecuador, organismo autónomo pero adscripto al Poder Ejecutivo y cuya dependencia del gobierno pareció aumentar en los últimos meses.

Mientras, Ecuarunari, organización integrante de la Conaie que agrupa a los pueblos de la nacionalidad kichwa de la Sierra, los de mayor población, propuso marcar distancia con el gobierno, cuestionando la política económica.

Presidida por Ricardo Ulcuango, Ecuarunari también exigió la renuncia de la diputada indígena Nina Pacari a la vicepresidencia del Congreso, considerando que el cargo se había logrado gracias *"al acuerdo con el bloque parlamentario de un gobierno con el que discrepan totalmente".*

La Asamblea Nacional de la Conaie aceptó en junio las propuestas de Ecuarunari y el levantamiento, anunciado para el comienzo del debate de la nueva ley de privatizaciones, comenzó el 6 de julio, precipitado por el alza del combustible decretada el día 1 y la huelga general de taxistas convocada el día 5.

Mientras, los indígenas de la Sierra tomaron ciudades, procesadoras de agua potable, centrales eléctricas, y repetidoras de radio y televisión para exigir la rebaja del combustible y el archivo de la ley de privatizaciones, los de la Amazonía creyeron que obtendrían más réditos no enfrentándose al gobierno y no se sumaron a las protestas.

Entre la noche del jueves y la madrugada del viernes pasado, más de 15.000 indígenas llegaron a Quito en marcha pacífica para tomar simbólicamente la ciudad, pero fueron objeto de dura represión a manos del ejército, que mantenía las calles bloqueadas.

Reagrupados en Quito, los indígenas celebraron una Asamblea donde pidieron a la diputada Pacari que no participara hasta que las comunidades allí reunidas llegaran a un acuerdo con el gobierno. Además, exigieron a los partidos políticos que no intentaran conseguir réditos políticos con el movimiento.

Ante la negativa de diálogo por parte del Poder Ejecutivo, en la tarde del viernes marcharon hacia la casa de gobierno, en cuyos alrededores fueron interceptados por policías que les hicieron saber que Mahuad recibiría a 20 dirigentes y enviaría un vehículo a recogerlos.

Todos gritaron que debían ir representantes de las comunidades presentes, que sumaban unos 500, o que, de lo contrario, Mahuad debería ir donde estaban ellos.

Al final, fueron 70 indígenas entre dirigentes de la Conaie, Ecuarunari y representantes de las provincias, quienes, después de nueve horas de conversación, llegaron en la madrugada del sábado a un acuerdo con el gobierno y levantaron la protesta.

Según distintas empresas encuestadoras, la Conaie tenía hasta junio el tercer puesto entre las instituciones con mayor credibilidad en este país con un 14 por ciento, detrás de la Iglesia Católica y las Fuerzas Armadas y por encima de los medios de comunicación que han venido bajando rápidamente en el último año.

Algunos analistas afirman que los logros obtenidos por los indígenas tras el levantamiento, el apoyo que recibieron de distintos sectores y la represión militar que sufrieron podrían determinar que ahora la Conaie tenga mayor credibilidad que las Fuerzas Armadas.

## UNA BASE SOBERANA... DE ESTADOS UNIDOS

**Julio 27 (Martes).** La instalación de una base militar de Estados Unidos en el puerto de Manta, Ecuador, cuenta con el aval del gobierno de Jamil Mahuad y la oposición del movimiento indígena, partes de la Iglesia Católica y grupos de derechos humanos.

El gobierno ecuatoriano defiende tal destino para ese puerto sobre el océano Pacífico con el argumento de que servirá de respaldo a sus Fuerzas Armadas, y permitió que en mayo pasado se realizaran las primeras operaciones de aviones de Estados Unidos en la zona.

La necesidad inminente de un lugar para las fuerzas militares apostadas durante un siglo en el canal de Panamá llevó al gobierno estadounidense a acelerar las gestiones para trasladar sus bases a Ecuador, en América del Sur, y Aruba y Curazao, en el Caribe.

Estados Unidos entregará el canal a la soberanía de Panamá el 31 de diciembre, en cumplimiento del tratado firmado en 1977 por los entonces presidentes Jimmy Carter y Omar Torrijos.

Voceros indígenas y de otros movimientos sociales aseguraron que rechazarán la instalación de la base militar en la mesa de concertación con el gobierno que comenzará a sesionar la semana próxima.

El gobierno accedió a crear esta instancia de diálogo en el acuerdo que firmó con la Conaie para poner fin al levantamiento que realizaron las comunidades este mes durante dos semanas.

En la mesa de concertación se discutirán, entre otros temas, la modernización del país sin necesidad de nuevas privatizaciones, la renegociación de la deuda externa y la posible negativa a la instalación de bases estadounidenses en territorio ecuatoriano.

El gobierno aceptó no enviar al parlamento ningún proyecto de ley ni emitir decretos relacionados con estos asuntos antes de que se discutan, por lo que las gestiones en torno de la instalación de la base de Manta están en suspenso.

La base en Manta *"es una ofensa muy grande a nuestra libertad, nuestra autonomía y, sobre todo, nuestra soberanía"*, dijo el obispo de la ciudad de Cuenca, monseñor Luis Alberto Luna Tobar.

El ministro de Defensa, general retirado José Gallardo, percibe en la presencia militar estadounidense un respaldo para las fuerzas armadas ecuatorianas ante posibles incursiones de la guerrilla colombiana en territorio nacional.

Gallardo aseguró que a las Fueras Armadas le *"preocupan profundamente"* la presencia de las insurgentes Fuerzas Armadas Revolucionarias de Colombia (FARC) y las plantaciones de coca en la zona del Putumayo, fronteriza con Ecuador.

La Comisión Ecuménica de Derechos Humanos teme que el fuerte acento militarista puesto en el combate al narcotráfico y a la guerrilla de Colombia involucre a Ecuador en estrategias continentales que "redefinen el papel de los ejércitos nacionales de la región".

Para la Cedhu, también debe tomarse en cuenta el posible impacto ambiental de la instalación de la base militar.

*"Se desconoce el tipo y la cantidad de explosivos y otros elementos contaminantes utilizados en las bases militares y en las prácticas de tiro, así como el costo de la tecnología para sanear totalmente estas áreas"*, señaló el organismo humanitario.

En 1997, Rick Stauber, experto a quien el Departamento de Defensa (Pentágono) de Estados Unidos encomendó un estudio sobre el impacto ambiental de las bases militares en el canal de Panamá, denunció que en el lugar se habían efectuado pruebas con armas químicas y uranio empobrecido.

La Cedhu se preguntó *"quién puede asegurar que no ocurrirá lo mismo en Manta"* y *"quién descontaminará después"*

El jefe del Comando Sur del Ejército de Estados Unidos, Charles Wilhelm, se reunió en Ecuador hace tres semanas con el ministro Gallardo y otras autoridades militares de ese país.

También condecoró al jefe del Comando Conjunto de la Fuerzas Armadas de Ecuador, general Carlos Mendoza, *"por su labor profesional desempeñada en la cooperación"* entre los militares de ambos países.

Wilhelm tomó contacto, además, con los resultados de las primeras operaciones aéreas realizadas en Manta y constató en persona el adelanto en las negociaciones con Ecuador.

En 1998, el Pentágono proyectaba la realización de 186 operaciones militares en la región, de las cuales 21 ubicadas en Ecuador.

A mediados de ese mismo año, militares ecuatorianos y estadounidenses participaron en ejercicios contra el narcotráfico en la selva amazónica. Hoy, las fuerzas armadas de ambos países construyen en conjunto un cuartel antidrogas y se anuncian otros tres para la Amazonía y siete para otras zonas del país.

El historiador ecuatoriano Jorge Nuñez recordó que el interés de Washington por concesiones territoriales y facilidades para operar en Ecuador no es nuevo.

*"En 1812, Estados Unidos estableció en las islas Galápagos una primera base naval para atacar a los barcos ingleses en el Pacífico. Más tarde, intentó conseguir la venta o arriendo de las islas. En la segunda guerra mundial levantó una base en el archipiélago, a la que abandonó en 1946"*, comentó Nuñez.

Jorge Nuñez también recordó que la flota estadounidense en el Pacífico Sur llegó en 1834 a Guayaquil *"para apoyar al general venezolano Juan José Flores, primer presidente del Ecuador republicano, y aplastar la revolución popular de Chiguaguas".*

En 1986, la presencia en el país del general John Galvin, entonces jefe del Comando Sur, y la denuncia sobre un supuesto convenio entre las fuerzas armadas de los dos países para establecer la Escuela de las

Américas e instalar bases militares despertaron manifestaciones oposición.

En 1987, durante la presidencia de León Febres Cordero (1984-1988), 6.900 militares estadounidenses supervisados por el Comando Sur integraron el grupo *"Fuerza de Tarea 1169"*, que durante seis meses participó en la operación militar *"Abriendo Rutas"* en la provincia amazónica de Napo.

Para el ministro Gallardo, la presencia militar estadounidense en Ecuador *"no afecta a la soberanía del país"* y es solo un acto de reciprocidad.

*"Nuestras naves militares pueden usar los aeropuertos militares estadounidenses, para abastecerse de combustibles y cambiar sus tripulaciones"*, aseguró Gallardo.

El argentino Adolfo Pérez Esquivel, premio Nobel de la Paz, expresó en una carta divulgada el jueves que una eventual intervención de Estados Unidos en Colombia *"incendiaría el horizonte en América Latina a fines del siglo"*

**Agosto 6 (Viernes).** Un contingente de las Fuerzas Especiales Operativas del Comando Sur de Estados Unidos se halla en la región amazónica de Ecuador y Perú, en la frontera de los dos países con Colombia.

Desde la base naval de Iquitos, en Perú, y de la Escuela de Selva de Coca, en Ecuador, se movilizan efectivos dotados de una avanzada tecnología en inteligencia de guerra, para neutralizar incursiones de la guerrilla y de narcotraficantes colombianos. Las dos bases, financiadas por el Departamento de Defensa de Estados Unidos, comenzaron a funcionar en marzo, cuando los ejércitos ecuatoriano y peruano desplazaron hacia la frontera norte los efectivos que empleaban en su ya superado conflicto de límites.

El general Barry McCaffrey, director de la Oficina de Política Nacional para el Control de Drogas de Estados Unidos, aseguró la semana pasada en Ecuador que Washington no intervendrá militarmente en Colombia.

De esa forma, McCaffrey desmintió una versión del diario La República, de Lima, recogida luego por ABC, de Madrid, según la cual Estados Unidos promovía la intervención de tropas de Ecuador y Perú en el conflicto colombiano.

Ese plan habría sido presentado hace un mes al asesor presidencial en seguridad del gobierno peruano, Vladimiro Montesinos, según la versión rechazada por McCaffrey. Pero el funcionario de la Casa Blanca no respondió cuando en conferencia de prensa se le preguntó si la caída hace dos semanas de un avión militar estadounidense RC-7B en la frontera colombo-ecuatoriana no demostraba una intervención encubierta de Estados Unidos en Colombia.

El accidente del RC-7B puso en evidencia la capacidad operativa de Estados Unidos en la zona, pues en pocas horas fueron movilizadas desde la Amazonía ecuatoriana 24 aviones para ayudar en la búsqueda del aparato, que se estrelló contra un cerro, señaló el diario *The Miami Herald*.

Las Fuerzas Especiales Operativas estadounidenses asisten a las Fuerzas Armadas de Ecuador y Perú en operaciones combinadas y en planificación y con equipos de entrenamiento, explicó en abril el Departamento de Defensa al Congreso de Estados Unidos. El propósito es interceptar comunicaciones de los traficantes y de las izquierdistas Fuerzas Armadas Revolucionarias de Colombia (FARC), según el Departamento de Defensa.

La mayoría de los efectivos estadounidenses en Ecuador y Perú son pilotos calificados para operar estaciones de radar e interpretar imágenes de cámaras multiespectro del tipo de las que producía el avión RC-7B, que pueden identificar cualquier objetivo en la selva.

El general Carlos Mendoza, jefe del Comando Conjunto de las Fuerzas Armadas ecuatorianas, negó que este país fuera a participar en operaciones contra la guerrilla en Colombia, aunque dijo que en la frontera hay 5.000 soldados para impedir el paso de rebeldes colombianos.

Tropas ecuatorianas y estadounidenses realizaron 20 días antes del accidente del RC-7B la Operación Sucumbíos, para eliminar dos campamentos de entrenamiento de las FARC en territorio de Ecuador.

Al mando de los efectivos estadounidenses estuvo el mayor Bernard Sparrow, comandante de la compañía C del Tercer Batallón del Séptimo Grupo de Fuerzas Especiales, estacionado en Panamá. Ese batallón fue destacado por sus servicios en Colombia, según una publicación de mayo del Comando Sur del Ejército de Estados Unidos.

La última misión de los comandos de selva fue la ocupación de dos bases de entrenamiento de las FARC en suelo ecuatoriano, informó esta semana al diario El Espectador, de Bogotá, el coronel Iván Borja, portavoz del Ministerio de Defensa de Ecuador.

La base naval peruana de Iquitos, que el 14 de junio recibió lanchas de combate de Estados Unidos, entregadas por el embajador Dennis Jett, tiene un grupo permanente de 33 asesores militares estadounidenses, que rotan cada 90 días, aseguró El Espectador.

Militares brasileños, colombianos y ecuatorianos se entrenan en técnicas de combate en la selva en Coca, Ecuador, en función de un programa auspiciado por el Departamento de Defensa de Estados Unidos. El programa de entrenamiento también se desarrolla en Iquitos, aunque en ese caso, para operaciones navales, de acuerdo con la información de prensa.

El Ministro de Defensa de Ecuador, general José Gallardo negó que la base de Coca sea plataforma para una eventual intervención militar en Colombia y aseguró que allí se entrenan oficiales de muchos países por el prestigio internacional de ese centro. *"No hay nada misterioso. Vienen oficiales de otros países a entrenarse, de la misma manera que oficiales ecuatorianos van a otros lados. Es un intercambio común entre fuerzas armadas de distintas naciones"*, señaló Gallardo.

En Ecuador, McCaffrey conversó con el presidente Jamil Mahuad y jefes militares acerca de la utilización de la base aérea del puerto de Manta, donde Estados Unidos tiene un Puesto de Observación Avanzada para Operaciones Regionales Antidrogas. McCaffrey destacó la importante ubicación geográfica de la base de Manta, en un punto central de la costa del Pacífico, para la estrategia regional contra la droga, que se basa en el combate al cultivo, procesamiento, transporte y distribución de sustancias prohibidas.

El funcionario advirtió que el retiro de las fuerzas estadounidenses de Panamá, a completarse a fines de este año, debilita el control de las actividades de los narcotraficantes, y se pretende restablecerlo con bases en Manta, Curazao, Aruba y Honduras. En caso de concretarse el convenio para que Estados Unidos use la base de Manta por 10 años, llegarían 200 hombres, entre agentes de la DEA (agencia federal antidrogas), miembros del servicio de guardacostas y soldados. El proyecto de instalación de fuerzas de Estados Unidos en Manta tiene el aval del gobierno de Mahuad y la oposición del movimiento indígena, parte de la Iglesia Católica y grupos de derechos humanos.

## ENTRE DÓLARES Y DOLORES DE CABEZA

**Agosto 20 (Viernes).** El anuncio de una moratoria de la deuda externa de Ecuador hasta marzo del 2000 certificó la profunda crisis financiera que vive este país andino hace más de un año.

Al principio, causó sorpresa que el gobierno ecuatoriano manejara esa hipótesis. Sin embargo, la posibilidad ya había sido manejada por analistas económicos internacionales hace un mes.

El martes 13 de julio, el diario estadounidense The Wall Street Journal publicó un informe premonitorio según el cual Ecuador amenazaba con convertirse en el primer país que, tras reestructurar su deuda externa bajo el esquema de bonos Brady, puede irse a pique.

Según el periódico, Ecuador estaba obligado a reestructurar el pago de los Brady y eso arrastraría consigo el modelo entero, auspiciado con *"tanto esmero por el gobierno de Washington"*.

*"La reestructuración, aunque sea realizada por un país pequeño"*, podría poner en entredicho *"la capacidad de América Latina para superar su susceptibilidad al pánico financiero que llegó hasta aquí el año pasado procedente de Rusia y del este de Asia"*, manifestaba el diario neoyorquino.

Si el pánico generado por la crisis ecuatoriana deriva en el derrumbe de los bonos Brady, los inversionistas y tenedores de esos papeles pueden obligar a deudores mayores como Argentina, Brasil y Venezuela a pagar tasas de interés más altas para proteger sus colocaciones en América Latina, según analistas.

Esa realidad preocupó al propio Departamento del Tesoro de Estados Unidos, que utilizó su influencias ante el Fondo Monetario Internacional (FMI) para que flexibilice su posición frente a la gravedad de la crisis económica ecuatoriana.

Eso se refleja en algunos documentos del FMI, según los cuales lo que más preocupa a los técnicos de ese organismo en sus negociaciones para firmar en breve una carta de intención con Ecuador es la crisis financiera de ese país y el creciente peso de la deuda externa en las finanzas públicas.

La crisis financiera ecuatoriana se profundizó en los últimos diez meses con la quiebra en cadena de 10 bancos y el posterior rescate efectuado por el gobierno, que desembolsó con ese fin más de 1.500 millones de dólares.

Tras la realización de cinco auditorías internacionales se estableció que para salvar la bancarrota del sistema era necesario cerrar bancos y asistir financieramente otros, lo que significaría un nuevo desembolso de 1.400 millones de dólares.

De concretarse el acuerdo "stand by" con el FMI, Ecuador podría contar con 400 millones de dólares para fortalecer la balanza de pagos y 500 millones para iniciar la reestructuración del sistema financiero.

Para algunos analistas económicos, el gobierno ecuatoriano debería tratar de sacar ventaja de los bonos Brady. En ese sentido, el semanario Líderes del diario El Comercio, se pregunta si no es moralmente lícito recurrir a las armas que se tienen cuando el país está entre salvarse o derrumbarse. *"Los bonos Brady son el cuco feroz para los tenedores de deuda. Sin embargo, para el gobierno ecuatoriano pueden convertirse en su fantasma salvador"*, asegura Líderes.

Las autoridades económicas y monetarias del país desmintieron que Ecuador vaya a declarar una moratoria unilateral de pagos de su deuda. Sin embargo, las explicaciones fueron algo contradictorias.

Modesto Correa, uno de los directores del Banco Central, afirmó desconocer si la ministra de Finanzas, Ana Lucía Armijos, llevó a su reunión con representantes del FMI en Washington la propuesta de diferir el pago de 94 millones de dólares de intereses de bonos Brady, que vencen el 31 de agosto. *"No puedo confirmar ni negar esa noticia, pues tal planteamiento es responsabilidad exclusiva de Finanzas y de la Comisión de Deuda que se conformó para que se encargue del tema. Lo prudente es esperar el retorno de la ministra, este domingo, para que aclare la situación"*, recalcó.

Correa admitió que se registró nerviosismo en el mercado, al que atribuyó a que los agentes económicos están bien informados sobre el estado de las cuentas nacionales. *"Todos sabemos que dada la crisis no es fácil cumplir los compromisos de deuda, pero es necesario decirles que se hará todo lo posible para honrarla"*, agregó.

En torno del pago que debe efectuarse la próxima semana, Correa explicó que en el fideicomiso de deuda Brady existe una "mora técnica", que da al país la posibilidad de diferir 30 días el pago, contados desde la fecha de vencimiento.

Otra fuente del Banco Central señaló que los bonos Brady se renegociarán mediante "mecanismos de mercado" y anticipó que la ministra Armijos llegará a Quito este domingo desde Washington con novedades sobre la negociación.

El presidente de Ecuador, Jamil Mahuad, afirmó que su gobierno busca soluciones alternativas al problema de la deuda. *"Hay que analizar opciones alternativas. Queremos que sea una decisión que utilice mecanismos de mercado",* aseguró Mahuad.

A su regreso, Armijos se reunirá con Mahuad para informar de sus conversaciones con los organismos internacionales de crédito, sobre la reprogramación de pagos de la deuda externa. Luego anunciará al país lo negociado en Washington y lo decidido por el gobierno ecuatoriano.

Hasta que se haga efectivo ese anuncio, el Ministerio de Finanzas cumplirá, con dificultades, el pago de los 94 millones de intereses de los bonos Brady que vencen este fin de mes.

Para el ex ministro de Finanzas Pablo Concha, diferir el pago de los bonos dentro de una reestructuración de la deuda es la única opción viable, porque significaría la liberación de recursos que hoy están comprometidos exageradamente frente a la realidad de la economía.

Concha calculó que Ecuador destina 54 por ciento del presupuesto al pago de deuda y que el próximo año destinaría más de 60 por ciento. También explicó que el impacto financiero del volumen de bonos Brady no alcanza ni uno por ciento del total de papeles que circulan en el mercado. *"Lo que Ecuador puede renegociar es apenas 3.000 millones de dólares, es decir un 0,3 por ciento, insignificante en los mercados",* precisó.

El banco de inversión estadounidense Lehman Brothers recomendó a Ecuador reestructurar su deuda externa *"organizadamente con el FMI y el Club de París".*

Según Lehman Brothers, Ecuador debe buscar alivio en las tasas de interés y no perdón de deuda. *"La crisis fiscal y el servicio de la deuda ilustran la realidad y demuestran que Ecuador no puede salir de su crisis a través de acciones fiscales estándar, debido a la severidad de la recesión",* dijo la firma.

La aclaración de que Ecuador no declararía una moratoria unilateral transmitió cierta tranquilidad al mercado internacional.

Bancos de inversión y analistas económicos plantean la posibilidad de que Ecuador reestructure su deuda, lo que se justifica por la situación económica que atraviesa este país.

Lehman Brothers indicó a través de un boletín de prensa que la mejor estrategia para el país sería una reestructuración ordenada de su deuda externa organizada por el FMI y el Club de París, que reúne a los países industrializados deudores. *"La posición fiscal del Ecuador y lo que implica la dinámica en el servicio de la deuda ilustra un fuerte deterioro en el desempeño debido a la crisis. Específicamente, muestran que Ecuador no puede salir de su crisis a través de acciones fiscales estándar por causa de la severidad de la recesión"*, dijo.

Arturo Porzecanski, economista jefe para las Américas de ING Barings, calificó la situación por la que atraviesa Ecuador de muy delicada, por lo que requiere la ayuda de la comunidad internacional.

Por otra parte, este sábado llegó al país una nueva misión del FMI, encabezada por John Thonrton, para afinar los últimos detalles de la carta de intención que el gobierno y la entidad firmarían antes de fin de agosto.

**Octubre 20 (Miércoles).** La caída incontrolable del sucre frente al dólar hace temer en Ecuador un avance de los precios que derive en la hiperinflación.

Aunque la tendencia alcista ya se evidenciaba la semana anterior, fue en los dos últimos días que el dólar tuvo un alza inesperada de 16.300 sucres a 17.500, debido a una demanda inusual de divisas.

Entre enero y octubre, el sucre se depreció 154 por ciento, mientras la inflación del período asciende a 50 por ciento.

Para economistas, el alza del dólar es producto de la compra de la moneda estadounidense realizada por los bancos para hacer frente el próximo miércoles al descongelamiento de cuentas de ahorros en dólares.

El gobierno dispuso en marzo el congelamiento por un año de 50 por ciento de los saldos de las cuentas corrientes y de ahorros superiores a 200 dólares y el total de los depósitos en cuenta corriente y a plazo en moneda extranjera mayores a 500 dólares.

El congelamiento afectó a 2.500 millones de dólares, propiedad de los 3,5 millones de ecuatorianos.

Tras las protestas sociales de julio, que paralizaron durante dos semanas al país, el gobierno acordó con el movimiento indígena el adelanto del descongelamiento de las cuentas corrientes en sucres y de ahorros en dólares.

Las cuentas en sucres han sido descongeladas paulatinamente desde el acuerdo, mientras que las otras, que representan 200 millones de dólares, serán descongeladas la semana próxima.

El gobierno, en cambio, atribuyó el alza del dólar a la falta de acuerdo parlamentario para aprobar el presupuesto del 2000, condición establecida por el Fondo Monetario Internacional (FMI) para desembolsar un préstamo de 1.300 millones de dólares al país.

El proyecto de presupuesto enviado por el presidente Jamil Mahuad al parlamento asciende a 4.400 millones de dólares, de los cuales 2.408 corresponden al pago de intereses y capital de la deuda externa.

El proyecto plantea aumentar el impuesto al valor agregado (IVA) de 10 a 15 por ciento y llevar la base de cobro del impuesto individual a la renta de 500 dólares mensuales a 190. También propone incrementar el impuesto a la renta de las empresas de 15 a 25 por ciento sin tener en cuenta su tamaño.

Mahuad descartó acuerdos con los partidos de derecha, el Social Cristiano del alcalde de Guayaquil y ex presidente León Febres Cordero (1984-1988) y el Roldosista Ecuatoriano del ex presidente Abdalá Bucaram (1996-1997), que proponen la venta anticipada de petróleo para obtener recursos.

El gobierno y los partidos de centroizquierda aseguran que la venta anticipada de petróleo comprometería no solo el crudo extraído sino las reservas.

El bloque de la socialdemócrata Izquierda Democrática de ex presidente Rodrigo Borja (1988-1992) acepta aumentar el IVA solo dos por ciento, mientras el Movimiento Pachakutik no está de acuerdo en ningún aumento.

Los dos sectores también exigen que se disminuya el porcentaje del presupuesto dedicado al pago de la deuda externa de 54 a 30 por ciento, así como reorientar la diferencia a gastos sociales.

Pablo Better, presidente del Banco Central, señaló que la institución no podrá proteger al sucre si no existe un acuerdo político parlamentario para el presupuesto y la reforma tributaria.

*"Yo no puedo asumir, como (presidente del) Banco Central, la responsabilidad de lo que está pasando. Con la especulación política de si se aprueba o no el presupuesto, sube el dólar. Y el Banco Central no está interviniendo en el mercado",* señaló.

Según Better, el precio del dólar debería situarse entre 12.500 y 12.600 sucres, pero el alza se produce por factores que no se pueden controlar con la política monetaria.

*"Si llegamos hasta finales de noviembre y no tenemos una aprobación definitiva del acuerdo por parte del Directorio del FMI, yo veo la cosa terrible para el país, esto se va a deteriorar",* dijo.

Better también dijo que no existe ningún plan económico alternativo para aplicar en caso de que no se apruebe el presupuesto tal como lo envió el gobierno, lo que impediría un acuerdo definitivo con el FMI. *"Sinceramente, no tengo plan, y no creo que el Banco Central pueda hacer algo en política monetaria para controlar la inflación y el tipo de cambio",* aseguró.

El analista económico Alberto Acosta se mostró contrario a la tesis de que la única salida para el presupuesto es el alza del IVA y a la creencia de que la única salida de Ecuador es el acuerdo con el FMI. *"Si se lo sube de 10 a 12 por ciento el fisco recaudaría unos 120 millones de dólares, menos que los 200 millones que perdemos al año por el petróleo que no se cobra a las petroleras privadas y mucho menos que los 240 millones presupuestados para cubrir futuras quiebras bancarias",* dijo Acosta. *"Basta mirar cómo manejó el FMI la crisis en los países asiáticos, en Rusia, en Brasil, para ver con cuánta demagogia se tejen esperanzas alrededor de esa institución",* agregó.

Acosta aseguró que el proyecto de presupuesto del gobierno desmorona la tesis que condujo a la suspensión del servicio de los bonos Brady, sustentada en la incapacidad de pago, pues *"dedica 54 por ciento de los egresos a la deuda".*

Algunos sectores cuestionan el hecho de que el gobierno siga salvando bancos quebrados y luego pida subir los impuestos.

En las últimas semanas fueron rescatados dos bancos que, según el gobierno, no corrían peligro, con lo que en los últimos 12 meses ascendieron a 15 las instituciones financieras en bancarrota.

El presidente de uno de esos bancos era también presidente del gubernamental Consejo Nacional de Modernización, encargado de instrumentar la privatización de las empresas estatales.

Luis Maldonado, presidente de la Federación Ecuatoriana de Exportadores, aseguró que uno de los componentes más graves de la crisis es el manejo irracional de los recursos que se entregan *"a una banca inmoral, usurera y absolutamente irresponsable frente al país".*

Algunos analistas aseguran que el descontrol del dólar es uno de los síntomas más graves de la crisis económica que vive el país.

*"El gobierno parece haber optado por dejar que las cosas lleguen a un punto del cual ya no es posible volver, como una manera de forzar a que el país acepte el único plan de gobierno en que ha basado su gestión el acuerdo con el FMI"*, aseguró un editorial del diario Expreso de Guayaquil.

Raúl Mendizábal, presidente de la Cámara de la Pequeña Industria de Pichincha, aseguró que si se mantiene la tendencia alcista del dólar no descarta *"el inminente cierre de unas 22.000 microempresas a nivel nacional".*

*"En cada empresa hemos tenido que reducir el personal a un 50 por ciento, y esto aumenta la crisis y el desempleo"*, afirma Mendizábal.

En medio de la crisis, la bonanza del mercado petrolero mundial ha sido lo único que le ha dado al país un respiro fiscal, pues de un precio de ocho dólares por barril en marzo se alcanzó uno de 22 dólares.

## REGALITOS ELECTORALES Y JUDICIALES

**Octubre 22 (Viernes).** El alcalde de la capital ecuatoriana y los empresarios propusieron disolver el Congreso de Ecuador, mientras el partido de gobierno es acusado de haber recibido más de diez millones de dólares de los banqueros para la campaña que llevó a Jamil Mahuad a la Presidencia.

En medio de eso, el gobierno ecuatoriano que el mes pasado había declarado la moratoria parcial en el pago de los bonos Brady también declaró su imposibilidad de pagar los eurobonos que vencían hoy y señaló que éstos entrarían en la reestructuración de la deuda externa.

Para las Cámaras de Comercio e Industrias de Quito y otros gremios empresariales la culpa de la crisis económica que vive Ecuador es del Congreso por no aceptar el incremento de los impuestos, propuesto por el gobierno en la proforma presupuestal del año 2000.

Aseguran que esa actitud "obstruccionista" y el hecho de que todavía no se hayan podido instrumentar las privatizaciones es una muestra de la "ineficiencia" de los legisladores.

De esa forma se suman a las expresiones del alcalde de Quito, Roque Sevilla, quien también reivindicó el rompimiento del orden institucional.

El líder de la bancada de la Izquierda democrática, Paco Moncayo, dijo tener la sospecha de que la ofensiva contra el parlamento busca desviar la atención sobre las denuncias de corrupción en el manejo del dinero aportado por varios banqueros a la campaña de Mahuad.

Moncayo se preguntó: ¿cómo puede ser independiente de los banqueros un partido que llega al gobierno con una campaña financiada por ellos?

En marzo, ante la quiebra inminente del Banco del Progreso, uno de los más importantes del país, el gobierno dispuso el congelamiento por un año del 50 por ciento de los saldos de las cuentas corrientes y de ahorros superiores a 200 dólares y el total de los depósitos en cuenta corriente y a plazo en moneda extranjera mayores a 500 dólares.

El congelamiento no sirvió de mucho porque un mes después el banco anunció su quiebra, y aunque se denunció un mal manejo de fondos por parte del presidente de la entidad, Fernando Aspiazu, el gobierno accedió a que el Banco Central le conceda un crédito y entrara en saneamiento.

En julio durante las movilizaciones protagonizadas por indígenas y taxistas, el gobierno dispuso la prisión de Aspiazu, en lo que muchos consideraron un golpe de efecto porque ocurrió tras la agudización de las protestas y luego de una dura represión a 15.000 nativos que llegaban en marcha pacífica a Quito.

Se inició un juicio contra el banquero por haber recogido el impuesto a las transacciones bancarias de sus clientes y no volcarlos al Estado, algo que había sido denunciado muchos meses antes sin que se tomaran medidas.

Esta semana, desde la prisión el banquero pidió cuentas sobre la utilización de 3.100.000 dólares que afirma haber aportado para la campaña electoral de Mahuad, lo que cayó como una bomba en el ámbito político.

Según las leyes ecuatorianas, terminadas las elecciones los candidatos presidenciales deben presentar ante el Supremo Tribunal Electoral, una declaración de gastos electorales con la justificación de la procedencia del dinero.

El banquero asegura que de acuerdo a lo declarado por el partido de gobierno ante el Tribunal, estaría faltando su aporte y para demostrarlo enseña los comprobantes de transferencias bancarias a nombre de Ramón Yulee, tesorero de la campaña y Secretario de la Presidencia hasta hace una semana.

Aspiazu inició un juicio para que se establezca a dónde fue ese dinero donado para la campaña y brindó una lista de banqueros y empresarios que también habrían colaborado.

Alvaro Guerreo, presidente del banco La Previsora, que entró en bancarrota hace dos semanas y fue asumido por un banco estatal, fue director hasta hace pocos días del Consejo Nacional de Modernización, entidad encargada de instrumentar las privatizaciones.

Guillermo Lasso, del banco de Guayaquil, fue gobernador de la provincia costeña del Guayas nombrado por el ejecutivo y ministro de economía.

Nicolás Landes, presidente del Banco Popular que también quebró hace dos semanas y fue salvado por el gobierno, se fue del país y días antes de que la justicia iniciara un proceso contra él por irregularidades en su banco.

Medardo Cevallos, ex embajador del gobierno de Mahuad en México y accionista del Bancomex, otro de los bancos que entró en quiebra, quien también enfrenta un juicio ante la justicia.

Otro de los que habrían aportado es Javier Espinosa, que fue presidente de la Cámara de Comercio de Quito, una de las entidades que piden la disolución del Congreso, hasta dos meses atrás cuando entró a formar parte del gabinete, primero como Ministro de Desarrollo y actualmente como Ministro de Economía.

Los empresarios que solicitan la disolución del Congreso, coinciden con el gobierno en afirmar que la especulación cambiaria que hizo trepar al dólar durante los tres primeros días de la semana también es causada por los legisladores. *"De continuar la actitud obstruccionista del Congreso, ha llegado la hora de pensar en aplicar la Constitución y revocar el mandato legislativo por incumplimiento de obligaciones o por propiciar actos de corrupción como la especulación cambiaria",* afirmaron en un comunicado.

Para algunos analistas, la especulación ha sido provocada por los bancos que salieron a comprar dólares. El miércoles pasado, tras el alza del dólar, el superintendente de bancos Jorge Guzmán se reunió con los banqueros para analizar la crisis, al día siguiente bajó la demanda y el costo de la divisa norteamericana. Los analistas interpretaron la disminución de la especulación como una consecuencia directa de esa reunión.

El diputado Antonio Poso del Movimiento Pachakutik aseguró que las afirmaciones de los empresarios y del alcalde eran parte de una campaña para desprestigiar al Congreso. "*Quieren culpar al Congreso de una crisis engendrada por el gobierno tras haber gastado más de 2000 millones de dólares en salvar 15 bancos durante el último año*", señaló Poso.

Entre tanto, el jefe del Comando Conjunto de las Fuerzas Armadas, Carlos Mendoza se mostró preocupado por la crisis económica que vive el país pero descartó que la salida pudiera ser un golpe de estado.

Mendoza aseguró que *"no existe posibilidad de que se rompa el sistema democrático"*, pero señaló la necesidad de que "el Congreso y el Ejecutivo logren acuerdos".

En esta realidad, la moratoria de los eurobonos sumada a la anterior de los bonos Bradys, parecen ser las únicas medidas gubernamentales que han logrado apoyo en los movimientos sociales. Sin embargo cuestionan la contradicción de tomar estas medidas y destinar en la proforma presupuestal para el año 2000 el 54 por ciento al pago de la deuda externa

**Diciembre 28 (Martes).** Una reforma del Código Penal aprobada en Ecuador por iniciativa del presidente Jamil Mahuad permitirá anular juicios por peculado contra el ex presidente Abdalá Bucaram, quien podría regresar al país sin enfrentar cargo alguno.

El Congreso ecuatoriano aprobó la semana pasada enmiendas planteadas por Mahuad al Código Penal. El nuevo texto establece, con efecto retroactivo, que un juicio penal sólo puede iniciarse con la acusación de un fiscal, y que el Poder Legislativo debe autorizar el juicio de ex presidentes.

Los cinco juicios contra Bucaram se iniciaron sin la acusación previa de un fiscal y sin pedido de autorización al Congreso.

El ex presidente y sus asesores fueron acusados de apropiarse de fondos públicos por valor de más de 22 millones de dólares durante el breve período de gobierno de Bucaram, entre agosto de 1996 y febrero de 1997, cuando el Congreso lo destituyó por "incapacidad mental para gobernar".

La destitución fue precedida por movilizaciones de protesta que reunieron a millones de personas en todo el país, y Bucaram terminó huyendo a Panamá, donde aún reside. Ahora el ex presidente podrá volver al país sin enfrentar cargo alguno.

Un nuevo Código Penal había sido aprobado por el Congreso en noviembre de este año, y entonces se estableció un plazo de 18 meses para su entrada en vigencia, con el fin de que hubiera tiempo para que finalizaran los juicios contra Bucaram.

Luego Mahuad puso a consideración del Congreso, mediante un veto parcial al proyecto aprobado, modificaciones para establecer su inmediata entrada en vigencia y darle efecto retroactivo.

Los analistas opinaron que esas propuestas fueron parte de un intercambio de favores entre el gobierno y el Partido Roldosista Ecuatoriano (PRE) de Bucaram, cuyos diputados votaron a fines de noviembre para aprobar el presupuesto del año 2000.

En dos oportunidades diputados opositores de los demás partidos salieron de sala para dejar sin quórum al Congreso e impedir la aprobación de las modificaciones planteadas por el presidente.

Pero en la última sesión previa a la Navidad, el presidente del Congreso, Juan José Pons, modificó el orden del día sin aviso previo y en dos minutos hizo votar las enmiendas al Código propuestas por Mahuad.

La maniobra de Pons tomó desprevenidos a muchos diputados opositores, quienes no tuvieron tiempo de abandonar el recinto parlamentario y frustrar la aprobación de las modificaciones por parte de los diputados del gobernante partido Democracia Popular y del PRE.

En los pasillos del Congreso, visiblemente molestos, algunos legisladores aseguraron que los habían "madrugado".

El jefe del bloque del partido Izquierda Democrática, general retirado Paco Moncayo, calificó lo ocurrido como una inmoralidad que restaba credibilidad al Congreso.

José Cordero, presidente de la Comisión de lo Civil y lo Penal del parlamento, fue uno de los tres diputados oficialistas que votó contra las enmiendas, y aseguró que renunciaría a su banca para expresar su desacuerdo con el pacto entre su partido y el de Bucaram.

Susana Klinkicht, analista política y columnista del diario Hoy, de Quito, afirmó que lo más grave no era el retorno de Bucaram, sino que regrese *"sin responder ante la justicia por sus actos de corrupción"*.

"Es necesario recordar lo que pasó hace tres años, cuando la indignación de la población culminó en la manifestación más numerosa que haya visto el país, cuyo único objetivo era sacar a Bucaram del gobierno", señaló Klinkicht.

Según la columnista, los ecuatorianos *"sienten vergüenza"* de que el gobierno haya aceptado *"la imposición de Bucaram"* para poder aprobar el presupuesto.

*"El presidente Mahuad, que ha puesto mucho énfasis en la buena impresión que causa su persona en el exterior, ya no podrá estar seguro de gozar de esas simpatías, porque es difícil que alguien entienda sus motivaciones para tamaña falta de ética"*, añadió Klinkicht.

La otra sorpresa de este fin de año se produjo el mismo día en que se aprobaron las enmiendas del Código, cuando el superintendente de Bancos, Jorge Guzmán, solicitó una orden de arraigo para los directivos del Banco La Previsora, que quebró en octubre y pasó a ser gestionado por el Estado.

La medida impide que esos directivos salgan del país hasta que se dilucide su responsabilidad en la quiebra.

Guzmán se valió de una ley bancaria aprobada en noviembre, que facultó al superintendente de Bancos a solicitar el arraigo de los ejecutivos de un banco que ingrese a un proceso de "reestructuración o saneamiento" a cargo del Estado.

Entre los señalados como posibles responsables de irregularidades en el manejo de La Previsora están Alvaro Guerrero y Alfredo Arizaga, quienes eran presidente y vicepresidente de la institución en el momento de la quiebra.

Arizaga es el actual Ministro de Finanzas y Guerrero fue director del Consejo Nacional de Modernización, encargado de implementar las privatizaciones, hasta pocos días después de la quiebra de su banco.

Estaba previsto que Arizaga viajara la semana próxima a Estados Unidos para realizar gestiones sobre la renegociación de la deuda externa ecuatoriana.

El ministro de Finanzas presentó descargos para que se levante la prohibición de salir del país, y opinó que la reacción que se pueda producir en el exterior ante este caso dependerá del "tono" en que sea manejado por los medios de comunicación.

Guerrero alegó por su parte que la nueva ley bancaria fue aprobada en noviembre después de la quiebra de La Previsora y no es retroactiva, por lo cual "no puede ser aplicada" en este caso, pero no negó las acusaciones que pesan en su contra.

Algunos analistas piensan que la orden de arraigo contra Arizaga busca demostrar que el gobierno combate la corrupción, y así desvirtuar acusaciones en su contra por la posible anulación de los juicios contra Bucaram.

## MAHUAD SE DOLARIZA Y DOLORIZA A LOS DEMÁS

**Enero 4 del 2000 (Martes).** La fuerte caída del sucre frente al dólar en Ecuador trajo el fantasma de la hiperinflación, ante lo cual el gobierno adoptaría un plan de libre convertibilidad similar al argentino o la dolarización de la economía ecuatoriana.

La tendencia ya se evidenciaba la semana anterior, pero en los dos últimos días el dólar tuvo un alza inesperada, pasando de 20.000 a 23.000 sucres por unidad.

El operador de cambio Juan Padilla aseguró que ayer nadie sabía lo que pasaba en el mercado. *"Hubo un momento en que sólo se compraban dólares, pero nadie quería vender porque no sabía a qué valor cotizar, ya que su precio subía constantemente"*, afirmó.

Si bien el Banco Central no intervino directamente en ningún momento, las autoridades habrían presionado a las mesas de cambio para limitar las negociaciones y algunas instituciones dejaron de negociar divisas.

Entre enero y diciembre, el sucre se depreció 164 por ciento, mientras la inflación en ese período asciende a 60 por ciento.

Operadores cambiarios y expertos económicos aseguraron que el comportamiento del dólar responde a una fuerte demanda de agentes económicos, que esperan para los próximos días el anuncio del programa monetario del gobierno para este año, en el que no se descarta la adopción de la libre convertibilidad del sucre o la dolarización. Por lo tanto, se estaría produciendo una especulación con la divisa norteamericana que provoca su alza.

Pero los analistas también aseguran que el alza del dólar es producto de la libre emisión de moneda por parte del Banco Central para hacer frente a las deudas de los bancos asumidos por el Estado.

Una fuente de la Presidencia, consultada por la agencia de noticias Inter Press Service indicó que el presidente Jamil Mahuad estaría de acuerdo con adoptar la libre convertibilidad, si cuenta con un amplio acuerdo nacional.

*"La posibilidad de implantar la convertibilidad fue uno de los puntos centrales de la reunión que ayer mantuvo el presidente con su gabinete. La dolarización, sin embargo, se cree que en este momento sería un salto al vacío porque no habría condiciones para implantarla"*, dijo la fuente, que prefirió no ser identificada.

Entre los defensores de la dolarización se encuentran los sectores políticos de derecha; los empresarios de Guayaquil, ciudad más poblada del país y el mayor centro comercial, ubicada sobre la costa del Pacífico; la mayoría de los banqueros del país, parte de los empresarios de la Sierra y directores de empresas multinacionales instaladas en el país.

Según ellos, esa medida estabilizaría la moneda, mejoraría las condiciones de participación de Ecuador en el comercio internacional, reforzaría el débil sistema bancario nacional y reduciría el riesgo inflacionario al requerir mayor disciplina fiscal.

Los dirigentes indígenas y de los movimientos sociales, políticos de izquierda y centro izquierda, representantes de las universidades, microempresarios y algunos industriales y banqueros, la consideran inviable en un país con un sistema bancario en quiebra, un desempleo del 18.1 por ciento y un subempleo del 54.6 por ciento, como Ecuador, y sostienen que aumentaría la dependencia externa del país.

El analista económico Andrés Hidalgo considera que no existe una fórmula mágica que solucione los problemas.

*"Cualquiera de estos esquemas se basa en un tipo de cambio fijo y para sostenerlos se requiere absoluto orden. En Ecuador no podría pensarse en esos esquemas a corto plazo porque hay problemas como el déficit fiscal y el endeudamiento, que hay que resolver antes"*, aseguró.

Técnicos del Banco Central, aseguran que las medidas de política monetaria aplicadas en Argentina, Brasil, Bolivia y Perú se adoptaron cuando la inflación había sobrepasado el 5.000 por ciento, que no es el caso de Ecuador.

El ex ministro de Economía argentino Domingo Cavallo, que asesoró al ex presidente ecuatoriano Abdalá Bucaram, destituido por el Congreso en febrero de 1997, le recomendó la adopción de un plan de libre convertibilidad similar al argentino, que establece una paridad de uno a uno entre el peso y dólar.

Pero la propuesta recibió un fuerte rechazo en medios políticos ecuatorianos.

Según una encuesta realizada en Argentina, 54 por ciento sostienen que su situación personal empeoró a raíz de la convertibilidad, 16 por ciento la califica como positiva y el 30 por ciento no la considera relevante.

El director ejecutivo de la Cámara de Comercio de Quito, Armando Tomaselli, subrayó que la inestabilidad de la cotización del dólar no se combate con una política monetaria y cambiaria sino con un manejo racional de la economía.

*"Todos los esquemas funcionaron bien cuando existió un manejo económico coherente, pero ocasionan problemas cuando las autoridades no conducen bien la economía"*, comentó Tomaselli.

El tema más preocupante en la actualidad es la emisión monetaria para el salvataje bancario que se ha convertido en un elemento inflacionario y causa fundamental en la devaluación del sucre, aseguró.

La semana pasada surgieron diferencias entre el presidente del Banco Central, Pablo Better, y Jorge Guzmán, superintendente de Bancos y presidente de la Agencia de Garantía de Depósitos, que administra los 15 bancos quebrados en los últimos 14 meses.

Better se opone a continuar con la emisión monetaria, pero Guzmán considera que es la única forma de pagar las deudas de las entidades financieras.

Guzmán afirmó que la principal fuente de financiamiento de la Agencia de Garantía de Depósitos debe ser la venta de los activos de los bancos salvados, que bordea los 4.000 millones de dólares, pero eso tomará tiempo y *"es absurdo decirle a los depositantes que esperen a vender los activos para poder recuperar su dinero"*. *"La Superintendencia de Bancos y la Agencia de Garantía de Depósitos enfrentaron la indignación, justificada, de personas que fueron virtualmente asaltadas por ciertos banqueros corruptos que les despojaron de su dinero"*, arguyó. Durante 1999, la Agencia de Garantía de Depósitos recibió del Banco Central 1.540 millones de dólares para los bancos que administra.

**Enero 7 (Viernes).** La Confederación de Nacionalidades Indígenas del Ecuador (Conaie) anunció una protesta nacional indefinida a partir del sábado 15 hasta lograr la renuncia del presidente Jamil Mahuad, el cierre del Congreso y la destitución de los miembros de la Suprema Corte de Justicia.

La Conaie propone formar *"un gobierno patriótico de unidad nacional"* en el que participen las Fuerzas Armadas, los sectores sociales y profesionales independientes.

La protesta se llevará a cabo en medio de una inestabilidad política y económica marcada por la devaluación del sucre en 30 por ciento durante los primeros siete días del año, y rumores de un posible golpe de Estado por parte de los militares.

El rechazo al gobierno ha llegado al 92 por ciento de la población, un porcentaje similar al que concentró Abdalá Bucaram cuando fue destituido por el Congreso en febrero de 1997.

A la protesta indígena se sumarían los transportistas y otros sectores sindicales y campesinos que ya paralizaron el país durante varios días en marzo y julio del año pasado.

El dirigente indígena Miguel Lluco dijo que los ecuatorianos han perdido la paciencia ante la pasividad del gobierno para resolver los problemas del país.

*"El movimiento indígena y otros sectores sociales le han dado muchas oportunidades al presidente, aportando soluciones que podían ser una salida, buscando el diálogo, pero nunca nos escucharon"*, asegura Lluco.

Como ejemplo mencionó que, tras las protestas de julio pasado se formaron mesas de concertación entre los movimientos sociales y el gobierno para buscar salidas conjuntas a los problemas políticos, económicos y sociales, pero las autoridades nunca cumplieron sus promesas.

Entre las traiciones gubernamentales, Lluco nombra el hecho de permitir la instalación de la base de Manta sin abrir un debate en la sociedad, no poner impuestos a las utilidades bancarias, a los vehículos de lujo y al patrimonio de las empresas para recargar los tributos sobre los más ricos y no disminuir el pago de la deuda externa que en este momento representa el 54 por ciento del presupuesto del Estado. *"El país se fue cayendo y el gobierno siguió dando los últimos sucres que tenía a los banqueros corruptos que se llevaron la plata de los depositantes. Lo que se explica al saber que fueron ellos los que financiaron la campaña electoral del presidente"*, arguye.

Lluco aseguró que al movimiento indígena no le interesa un cambio de nombres *"porque eso no cambiará nada como ocurrió cuando fue destituido Abdalá Bucaram para que asumiera Fabián Alarcón (1997-1998)"*, entonces presidente del Congreso.

*"No creemos en nadie, por eso los diputados también tienen que irse a sus casas, pues salvando algunas excepciones también contribuyeron a profundizar esta crisis. Lo mismo ocurre con la Corte Suprema, víctima constante de la corrupción"*, comenta.

Para suplantar al Congreso, el miércoles 12 se instalará en Quito el Parlamento Nacional de los Pueblos del Ecuador, que estará integrado por delegados indígenas, trabajadores, campesinos, profesionales, religiosos y microempresarios de todo el país.

*"El Parlamento elaborará y presentará un plan de cambios para sacar al país de la crisis y será el preámbulo del nuevo levantamiento indígena y popular"*, afirma Lluco.

También dice que los movimientos sociales no *"servirán de escalera para que asuma el vicepresidente o el presidente del Congreso, como quieren los sectores de derecha"*.

Los dirigentes indígenas han mantenido en las últimas semanas reuniones con altos oficiales de las Fuerzas Armadas que estarían de acuerdo con su propuesta. Sin embargo, en la institución armada hay posiciones encontradas sobre el papel que debe jugar.

Un sector apoya la propuesta del Movimiento Indígena, otro prefiere que Mahuad concluya su mandato y un tercero apoya la renuncia del presidente para que asuma el vicepresidente Gustavo Noboa, en coincidencia con la propuesta de los ex mandatarios Rodrigo Borja (1988-92) y León Febres Cordero (1984-88).

En Ecuador, las Fuerzas Armadas tienen prestigio en la población debido a su posición nacionalista, su trabajo de apoyo a los sectores sociales más desposeídos y por no haber participado en violaciones de los derechos humanos como en el Cono Sur americano.

En julio pasado, tras la llegada de miles de indígenas en marcha pacífica a Quito, el gobierno ordenó al ejército una represión que lo apartó de su comportamiento habitual y le significó una pérdida de popularidad.

Luego de la acción y de recibir las condenas generalizadas, los militares dieron un ultimatun al gobierno para que llegara a acuerdos con los indígenas porque no estaban dispuestos a reprimir nuevamente.

Sin embargo, este año volvieron a ser cuestionados cuando no se opusieron a la instalación de una base estadounidense en el puerto de Manta, sobre el Pacífico.

El jueves y este viernes los sindicatos nucleados en el Frente Unico de Trabajadores, los maestros y otros sectores vinculados al izquierdista Movimiento Popular Democrático (MPD), realizaron manifestaciones de protesta, pero su convocatoria no contó con mayor acogida popular. Sin embargo, ante el solo anuncio de movilizaciones, Mahuad declaró el estado de emergencia o de sitio y suspendió todas las garantías individuales.

Para algunos analistas, la emergencia le da la posibilidad al gobierno de decretar la libre convertibilidad del sucre. Pero aún no se ha tomado medidas debido a serias discrepancias en el equipo económico entre los partidarios de la libre convertibilidad y los que se oponen. Aunque la dolarización estaría prácticamente descartada por los altos costos sociales, una fuente del gobierno aseguró que con Mahuad nunca se sabe.

El Partido Social Cristiano, la mayor fuerza de derecha fuera del gobierno con fuerte incidencia en la costa, también presiona con la posibilidad de profundizar la autonomía de la provincia de Guayas, cuya capital, Guayaquil, es la mayor ciudad del país y el principal centro comercial.

Los sectores empresariales de esa provincia, entre los que se encuentran los grandes exportadores, presionan para que se apruebe la dolarización. Y a esta altura parece claro que el alza del dólar se debe a la especulación con la divisa norteamericana por parte de los exportadores costeños y algunos banqueros.

Empresarios, banqueros y el Partido Social Cristiano parecen apostar a la salida de Mahuad para que asuma el vicepresidente, Gustavo Noboa, implemente medidas de ajuste drástico, profundice en las privatizaciones y el modelo neoliberal. La idea es que pase algo semejante a lo que le ocurrió al ex presidente argentino Raúl Alfonsín.

Entre tanto, Mahuad intenta reorganizar el tablero con un acuerdo de gobernabilidad con el Partido Roldosista Ecuatoriano de Bucaram. De esa forma busca la aprobación de las reformas legales necesarias para privatizar los sectores de hidrocarburos, electricidad, telefonía, seguridad social y educación básica. En un mensaje desde Panamá, Bucaram anunció su apoyo a Mahuad y dijo que en febrero estaría de regreso en Ecuador.

**Enero 9 (Domingo).** El presidente Jamil Mahuad respondió a la crisis de Ecuador con la dolarización de la economía y el pedido de renuncia a sus ministros, para renovar el gabinete, pero no pudo acallar las voces que exigen su destitución.

*"Tras dos meses de análisis, de reuniones y de escuchar a los expertos, he llegado a la conclusión de que la dolarización es un sistema conveniente y necesario para Ecuador"*, afirmó Mahuad en un mensaje transmitido hoy por cadena nacional de radio y televisión.

El nuevo programa debe ser puesto en práctica por el Banco Central, entidad autónoma con directores elegidos por el Congreso Nacional.

Pero la medida es resistida por la mayoría del directorio y el propio presidente del banco, Pablo Better, quien anunció que no renunciará.

Ante ello, Mahuad convocó a una sesión extraordinaria del Congreso para este martes, con el único propósito de plantear la destitución de la dirección del Banco.

El mandatario aseguró que cuenta con la mayoría parlamentaria necesaria para nombrar nuevos directores afines a su idea, al sumar los votos de la gobernante Democracia Popular y los del Partido Roldosista Ecuatoriano del ex presidente Abdalá Bucaram, destituido por el Congreso en febrero de 1997.

Mahuad señaló que el acuerdo con el Partido Roldosista también le posibilitará aprobar varias leyes, en carácter de urgente, para introducir reformas constitucionales que permitan privatizar los sectores petrolero, eléctrico, telefónico y de seguridad social. Al acuerdo también se sumaría el Partido Social Cristiano, ferviente defensor de la dolarización, aunque sus dirigentes creen que sería mejor que renunciara Mahuad y la implementara el vicepresidente.

El plan de dolarización implica que el Banco Central utilice la reserva monetaria líquida de 500 millones de dólares para reemplazar a la moneda local, el sucre, en circulación.

El Banco Central dejará de emitir moneda y cambiará toda la existencia del mercado por los dólares de la reserva, a una cotización de 25.000 sucres por unidad.

Luego, sin la reserva de divisas en su poder, el Banco Central desaparecerá como organismo emisor y se transformará en un agente de reestructuración de la banca y de reordenamiento fiscal.

Una vez que esto acontezca, el sucre también desaparecerá, por lo cual los bienes, servicios y todo lo que es objeto de compra y venta tendrá valor en dólares. También los sueldos se pagarán en dólares, sin ningún incremento.

Para implementar el nuevo esquema monetario, además del consentimiento del Banco Central, es necesario realizar reformas constitucionales que permitan el cambio de moneda.

También se deben modificar las leyes que regulan el sistema monetario, las instituciones financieras y el régimen tributario para que se adapten a la dolarización.

El ministro de Finanzas, Alfredo Arizaga, ex vicepresidente del Banco la Previsora, gestionado por el Estado tras su quiebra el año pasado, aseguró que el proceso de substitución del sucre por el dólar será paulatino.

El presidente Mahuad explicó que la dolarización permitirá en un año llevar la inflación *"a niveles internacionales de 10 por ciento o menos"* al año, con lo cual se alejaría el fantasma de la hiperinflación, que se manifestó la semana pasada con la depreciación de 30 por ciento del sucre frente al dólar.

Ricardo Ulcuango, vicepresidente de la Confederación de Nacionalidades Indígenas de Ecuador, dijo que la dolarización no es conveniente para un pueblo como el ecuatoriano que no tiene dólares sino devaluados sucres.

Agregó que en los últimos días el gobierno dejó que suba el dólar a 25.000 sucres por unidad para ahora aplicar la dolarización.

*"Hace dos meses que (el gobierno) venía estudiando la medida y había llegado a la conclusión que para dolarizar era necesario establecer el dólar a 25.000 sucres, por eso lo dejaron subir en la ultima a semana de 18.000 hasta ese valor"*, aseguró Ulcuango.

Afirmó, además, que esta es una medida desesperada del gobierno para conseguir nuevamente el apoyo de los empresarios y los banqueros, que son quienes presionaban por la medida.

*"Se ve que se ha llegado a un acuerdo con los grandes empresarios, pero esto no beneficia al pueblo, porque los indígenas casi ni conocemos el color de los dólares"*, indicó.

Ulcuango precisó que el Banco Central es autónomo, por tanto el gobierno no lo puede obligar a adoptar una decisión a su gusto, porque violaría esa autonomía.

El banquero Antonio Acosta, por su parte, señaló que la medida de Mahuad es acertada, pero es necesario que esta semana se definan todos los acuerdos necesarios y las reglas de juego para ponerla en marcha.

Mahuad también limitó la devolución de los depósitos bancarios congelados en marzo del año pasado.

Los bancos podrán devolver el dinero de quienes tienen depósitos menores a 4.000 dólares, mientras que quienes tienen más de esa cantidad deberán esperar hasta marzo del 2006 y del 2009.

En los bancos que quebraron y fueron asumidos por el Estado la devolución se hará mediante bonos oficiales que podrán ser cambiados en la bolsa de valores, lo cual, según expertos, representará una pérdida para los ahorradores, ya que serán comercializados a un valor mucho menor.

El paquete de medidas económicas anunciado por el presidente Mahuad coincide conceptualmente con la posición de las cámaras empresariales de la Costa y la Sierra ecuatoriana y del sector financiero, cuyos representantes se manifestaron complacidos.

El presidente de la Cámara de Comercio de Quito, Andrés Pérez, señaló que las medidas *"son importantes, no solo para enfrentar la crisis que nos agobia, sino para lograr el crecimiento y bienestar a los que la sociedad aspira"*.

Pérez se congratuló que el mandatario haya llegado finalmente a una posición firme de liderazgo sobre temas claves para el país, aunque lamentó que no lo hubiera hecho mucho antes.

*"Hoy podría ser, más que una reforma fundamental, un recurso desesperado para consolidar un gobierno debilitado"*, aseguró.

El empresario declaró que, si bien el deteriorado nivel de credibilidad de Mahuad obliga a guardar un espacio de duda sobre la viabilidad de las medidas, la Cámara de Comercio de Quito será la primera en aplaudir en caso de que el gobierno tenga éxito en su implementación.

En tanto, el analista económico Andrés Hidalgo consideró que no existe una fórmula mágica que solucione los problemas de Ecuador.

*"La dolarización se basa en un tipo de cambio fijo y para sostenerlo se requiere absoluto orden. En Ecuador no podría pensarse en ese esquema a*

*corto plazo porque hay problemas, como el déficit fiscal y el endeudamiento, que hay que resolver antes*", aseguró.

El ex ministro de Economía argentino Domingo Cavallo, que asesoró al ex presidente ecuatoriano Abdalá Bucaram, recomendó entonces la adopción de un plan de libre convertibilidad similar al de su país, que establece una paridad de uno a uno entre el sucre y el dólar, para después adoptar la dolarización. En aquella ocasión la propuesta recibió un fuerte rechazo en medios políticos y sociales ecuatorianos.

El anuncio del presidente Mahuad, en lugar de aquietar los ánimos de los movimientos sociales, fue como echar más leña al fuego. La movilización de los indígenas y las protesta de diversos sectores sociales y sindicales, anunciadas originalmente para el próximo sábado, se adelantaron en todo el país quedará paralizado esta semana, con el corte del tránsito en carreteras y otro tipo de acciones.

**Enero 10 (Lunes).** Activistas y agricultores ecuatorianos interceptaron un barco estadounidense antes de su arribo al puerto de Guayaquil, para impedir el desembarco de una carga de 30.000 toneladas de soja transgénica.

Cincuenta activistas de la organización ambientalista Acción Ecológica y miembros de la Coordinadora Nacional Campesina utilizaron dos pequeñas embarcaciones para interceptar el martes la nave "Frina", abordarla e impedir que siguiera su marcha rumbo al puerto.

Otros ambientalistas se introdujeron en la comandancia del puerto, junto al Defensor del Pueblo, Hernán Ulloa, y a un juez del fuero civil, para exigir a las autoridades portuarias que no permitieran ingresar al barco, a lo que éstas accedieron.

El juez pidió a los investigadores del Instituto Biológico Izquieta Pérez que analizaran muestras del producto para determinar si es posible permitir el ingreso de la soja, importada para elaborar alimento para animales.

Los ambientalistas aseguran que la carne de animales alimentados con productos transgénicos representa riesgos para la salud de los consumidores.

Acción Ecológica había sido informada por organizaciones no gubernamentales de Estados Unidos de la alteración genética de la soja transportada por el Frina. Ahora confía en que, una vez realizados los análisis, la carga del barco sea incinerada o devuelta a su punto de origen.

*"Esperamos que no haya corrupción y se cumpla la ley, que prohibe la entrada de alimentos transgénicos en el país"*, afirmó Jorge Loor, dirigente de la Coordinadora Nacional Campesina e integrante del Parlamento de los Pueblos del Ecuador que se instala mañana en Quito.

La manipulación genética de la composición de productos de origen animal o vegetal busca aumentar el poder nutricional de éstos, su rendimiento y su resistencia a plagas y al almacenamiento prolongado.

La bióloga Elizabeth Bravo, de Acción Ecológica, comenta que los productos transgénicos son nuevos y que nadie, ni siquiera las empresas que los crean, pueden predecir sus efectos.

*"Las posibles alteraciones en la salud humana y ambiental son impredecibles"*, aseguró Bravo. También advirtió las consecuencias socioeconómicas de estos productos. *"Los campesinos se ven obligados a adquirir las semillas"* manipuladas genéticamente *"so pena de perder la carrera en la competencia comercial"*, explica.

*"¿Quién asegura la bondad de las nuevas semillas?"*, se pregunta.

La mayoría de los productos transgénicos comercializados son alimentos, semillas e insumos agrícolas y fármacos desarrollados por empresas multinacionales encabezadas por la estadounidense Monsanto y la suiza Novartis.

Sus principales productos son soja, tomate, papa, tabaco, algodón y maíz resistentes a herbicidas y a plagas.

La revista Tribuna del Consumidor advirtió hace algunos meses que podrían estar ingresando en Ecuador productos transgénicos sin que su presencia se notara, pues no tienen etiqueta que los identifique como tales.

Bravo dice que también existe posibilidad de que soja importada de Argentina sea transgénica.

*"Aunque Ecuador importa poca soja, 80 por ciento de la que viene del exterior es Argentina y nadie puede asegurar hasta el momento que no sea transgénica, como gran parte de la que se produce en ese país"*, señala Bravo.

Según Acción Ecológica, las papas importadas desde Estados Unidos por restaurantes de comida rápida de origen estadounidense podrían ser genéticamente modificadas, al igual que aceites comestibles y algunas materias primas para la alimentación de pollos.

La Constitución ecuatoriana aprobada en noviembre de 1997 encomendó a la ley la regulación del ingreso de productos transgénicos.

La norma constitucional sólo puede ponerse en práctica mediante la aprobación de una ley complementaria en el Congreso o por decreto ejecutivo.

Los participantes en el I Encuentro Andino de Bioseguridad, realizado en junio en Quito, exhortaron a los países de la Comunidad Andina a acordar mecanismos de seguridad ante los productos transgénicos.

Expertos en bioseguridad, representantes de los gobiernos de Bolivia, Colombia, Ecuador, Cuba y Venezuela y de la Unesco, advirtieron en la misma reunión que quienes toman decisiones sobre productos transgénicos no tiene la formación necesaria para tratar el tema.

Las autoridades de América Latina *"que deciden sobre la introducción, uso y manejo de organismos vivos modificados por técnicas de biotecnología, requieren mayor capacitación"*, señaló Arvelio García Rivas, de Unesco (Organización de las Naciones Unidas para la Educación, la Ciencia y la Cultura).

Santiago Carrasco, de la Secretaria Nacional de Ciencia y Tecnología de Ecuador, aseguró que es necesario crear en la región andina una cultura sobre la bioseguridad.

Los ambientalistas señalan como ejemplo de los riesgos de los productos agrícolas genéticamente modificados el caso del polen del maíz transgénico Bt, que mata las larvas de la mariposa monarca, como comprobaron investigadores de la Universidad de Cornell, en Nueva York.

Los estudios dieron el alerta sobre los efectos del polen difundido desde los campos de cultivo hacia áreas naturales adyacentes en Estados Unidos, Canadá, Argentina y España, donde se produce y vende esa variedad de maíz.

Para Jorge Loor, la introducción de semillas transgénicas es otro de los tantos descuidos del gobierno de Mahuad y "una imposición más de empresas que solo les interesa lucrar, sin importar como afectan al campesino".

## HACIA EL RESCATE DE LA DEMOCRACIA

**Enero 11 (Martes).** El Parlamento de los Pueblos integrado por 330 representantes indígenas y de la sociedad civil se instaló hoy en la capital de Ecuador para elaborar un plan de gobierno alternativo, mientras el presidente Jamil Mahuad logra derribar obstáculos a su proyecto de dolarización de la economía.

El dirigente indígena Miguel Lluco asegura que elaborarán un programa de pautas económicas, judiciales y legislativas y pondrán en marcha un modelo participativo, que será la esencia de la democracia.

*"Nadie cree en la democracia que vivimos, entonces debemos rescatar la participación desde abajo de la sociedad civil para refundar la democracia ecuatoriana robada por los partidos políticos de derecha y los banqueros inescrupulosos"*, señala.

Lluco también dice que el Parlamento del Pueblo se pronunciará contra el proyecto de dolarización y privatizaciones que intenta implementar el gobierno, *"porque beneficia solo a los banqueros y agroexportadores que son los que poseen de dólares en Ecuador"*.

*"Como ya ha sido demostrado, fueron los banqueros quienes dieron el dinero para la campaña electoral de Mahuad y éste los compensó entregando 2.000 millones de dólares para el salvataje de sus bancos. Ahora dolariza para que se sigan beneficiando, y así reconoce a quienes lo pusieron en la presidencia"*, afirma.

Silvia Vega, de la Coordinadora Política de Mujeres, sostuvo que con la dolarización el presidente *"ha declarado la guerra al pueblo"* y señala que el parlamento alternativo desconoce a los tres poderes del Estado.

El Parlamento de los Pueblos, en el que participan diferentes sectores sociales que van desde indígenas hasta empresarios y profesionales, plantea la instauración de una nueva forma de administración dirigida por una junta de gobierno, un consejo de Estado, un parlamento nacional y parlamentos provinciales.

Antonio Vargas, presidente de la Confederación de Nacionalidades Indígenas de Ecuador, dijo en su inauguración que el levantamiento indígena nacional previsto para este sábado tendrá un preludio provincial, cuando las comunidades indígenas decidan salir a tomar ciudades y carreteras.

*"El levantamiento ya comenzó y conocemos que por estrategia de nuestros pueblos se adelantan, por ser una decisión de cada provincia de acuerdo a la situación geográfica",* aseguró Vargas.

El dirigente aseguró que los indígenas *"lucharán hasta las últimas consecuencias hasta que Mahuad, su gabinete, los diputados y los miembros de la Corte de Justicia se vayan a su casa".*

El Parlamento de los Pueblos sesionará de modo indefinido durante las movilizaciones populares que ya se iniciaron y que tendrán su punto más alto con la protesta indígena nacional del sábado.

El lunes, Guayaquil y sus alrededores permanecieron sitiados por vehículos de transportistas, quienes exigen pasar sus deudas en dólares a la moneda local, el sucre, antes que se dolarice la economía.

Mientras tanto, Mahuad ha logrado unificar tras la propuesta de dolarización a todos los sectores políticos de derecha y a los sectores financieros y empresariales, lo que no había logrado desde el inicio de su gobierno.

De esa forma, logró la dimisión de las tres principales autoridades del Banco Central que se oponían a su plan económico, entre ellos el presidente de la entidad, Pablo Better, y despejar casi todos los obstáculos legales que frenaban la implementación de la medida.

En los próximos días el unicameral Congreso Nacional aprobaría varias reformas constitucionales para agilizar la aplicación del nuevo sistema monetario.

Mahuad cuenta con el apoyo de su partido, la Democracia Popular; del derechista Partido Social Cristiano, con quien cogobernó los primeros meses de su mandato y luego se distanció; y del populista Partido Roldosista Ecuatoriano del ex presidente Abdalá Bucaram, quien fue destituido por el Congreso en 1997 con votos democratapopulares y socialcristianos.

Portavoces gubernamentales aseguraron que esa alianza será suficiente para lograr las reformas constitucionales que requiere la dolarización, a la que se oponen el Movimiento Pachakutik, la Izquierda Democrática y el Movimiento Popular Democrático.

Vargas criticó las alianzas del gobierno con el roldosismo y afirmó que *"así trabajan los poderes del Estado, arreglándose para que Bucaram y todos los corruptos retornen al país".*

Mahuad expresó este martes que su gobierno tomó una decisión histórica al decidir aplicar un sistema de dolarización para sanear la deteriorada economía, que en 1999 soportó una inflación de 61 por ciento y una depreciación monetaria de 197 por ciento.

Apuntó que el gobierno y el Banco Central garantizan que tienen los dólares suficientes para que todos los sucres que están en circulación puedan ser retirados y canjeados por esa moneda.

El presidente ecuatoriano planteó la dolarización a un tipo de cambio fijo de 25.000 sucres por unidad, en un mensaje transmitido el domingo pasado por cadena de radio y televisión.

En tanto, el Fondo Monetario Internacional anunció el envío a Quito de una misión técnica con el fin de asistir al gobierno ecuatoriano en la adaptación de estrategias fiscales y bancarias al plan de dolarización. *"Una vez que se identifiquen las medidas apropiadas, el FMI está dispuesto a trabajar con las autoridades ecuatorianas para apoyar su programa económico"*, dijo Michel Camdessus, director ejecutivo de ese organismos multilateral.

Según una encuesta de la empresa Market difundida casualmente el lunes, un día después del anuncio de Mahuad, 58 por ciento de la población apoya la propuesta de Mahuad, mientras que 41 por ciento la rechaza.

Lluco afirmó que esa encuesta no es muy seria porque *"el propietario de la empresa Market, Blasco Peñaherrera, venía realizando hace varias semanas una campaña a favor de la dolarización"*. *"Por algo se despacha con esta encuesta un día después que Mahuad anunció la medida"*, argumenta el dirigente.

El diputado socialista y ex vicepresidente de Ecuador León Roldós Aguilera aseguró que la dolarización se venía preparando desde hace mucho tiempo.

*"El gobierno anunció hace muchos meses que el dólar en diciembre no podía pasar de 13.000 sucres, pero se dio una especulación inusitada y la compra masiva de dólares en las últimas semanas de 1999 y la primera del 2000 para llegar a 25.000 sucres"*, comenta Lluco.

Roldós Aguilera agregó que *"la impresión es que le dieron palo al dólar para que suba, y habría que ver quienes compraron divisas en esos días, ya que hicieron el negocio del siglo porque ahora valen 30 por ciento más"*.

Lluco coincidió con Roldós al indicar que no es casualidad que semanas antes de anunciarse la dolarización comenzara una campaña para desprestigiar al presidente del Banco Central por oponerse a la medida.

*"Hoy el PSC anunció que someterá a juicio penal a Pablo Better 'por el daño que le ha ocasionado a la economía nacional al no adoptar medidas para frenar la escalada alcista del dólar', lo que da más fundamento a nuestra sospecha de que hubo un complot para dolarizar",* arguye Lluco.

**Enero 12 (Miércoles).** La Conaie anunció que tomará el poder en 15 o 20 días, y reclamó a los organismos internacionales que vigilen lo que ocurra durante el levantamiento de los pueblos nativos, que comenzará el sábado próximo.

La movilización indígena por la revocatoria del mandato de los tres poderes del Estado cobró fuerza este martes con la instauración del Parlamento de los Pueblos y el respaldo de diversos sectores sociales al levantamiento indígena.

El arzobispo de Cuenca, Alberto Luna Tobar, quien fue elegido por unanimidad presidente del parlamento alternativo, aseguró que *"será el arma más eficaz con la que el pueblo combatirá la mentira, la corrupción y la falsedad".*

La instancia popular resolvió asumir plenos poderes en los ámbitos político, económico, administrativo y judicial, y convocó a la desobediencia civil en todo el país.

Antonio Vargas, presidente de la Conaie y vicepresidente del Parlamento de los Pueblos del Ecuador, dijo que este órgano será el verdadero Congreso Nacional, elegirá a la Junta de Salvación Nacional que sustituirá al actual gobierno de Jamil Mahuad e implantará un sistema de "justicia popular".

El 53 por ciento de la población está de acuerdo con la renuncia de Mahuad y 42 por ciento es partidaria de que rectifique su gestión, según una encuesta de la empresa Cedatos divulgada este miércoles, que además desmiente la encuesta de la empresa Market difundida el lunes al informar que el 54 por ciento de la población estaría en contra de la dolarización.

Vargas informó que todas las organizaciones de la sociedad civil representadas en este Parlamento indígena-popular, están en plena desobediencia civil y aseguró que los movimientos sociales están listos para "la toma del poder".

"*El pueblo va a gobernar el país de aquí a ocho, 15 o 20 días*", aseguró el líder indígena, quien expresó que los ecuatorianos "*tienen total soberanía para exigir la salida de los miembros de los tres poderes del Estado*" e instó a las Fuerzas Armadas y a la policía "*a que se unan al movimiento*".

Previo a la instalación del Parlamento Nacional, La Conaie, los sindicatos, organizaciones de profesionales y no gubernamentales, empresarios y religiosos establecieron en diversas provincias parlamentos populares como autoridades alternativas.

En la serrana provincia del Azuay, 500 kilómetros al sur de Quito, el parlamento popular presidido por el arzobispo de la ciudad de Cuenca, Luis Alberto Luna Tobar, se instaló el domingo, con la participación de más de 50 delegaciones.

Esos parlamentos, que discuten los problemas regionales, elaboraron propuestas para presentar ante un parlamento nacional, que se instalará este martes en Quito.

"*El objetivo es presentar una propuesta de carácter político, económico y social*", y buscar "*la mejor salida para beneficio del país*", afirmó el dirigente indígena Ricardo Ulcuango.

Virgilio Hernández, de la Coordinadora de Movimientos Sociales, señaló que el "*Parlamento del Pueblo*" tendrá plenos poderes para determinar "*un programa de gobierno alternativo al poder de los sectores dominantes que han conducido el país a la mayor catástrofe de su historia*".

Mientras, Ulcuango advirtió que los indígenas no permitirán la participación de miembros de ningún partido político en el Parlamento.

Las protestas, la instalación del Parlamento de los Pueblos y los pedidos de renuncia de los tres poderes del Estados se producen cuando se conoce una encuesta de la empresa Cedatos que parece demostrar la impopularidad del sistema democrático en general.

En una calificación de 1 a 100, las personas consultadas por Cedatos dieron más de 50 puntos a la familia, la Iglesia Católica, las Fuerzas Armadas, las universidades, los movimientos sociales y los medios de comunicación.

Por debajo de los 15 puntos aparecen la democracia, los bancos, el gobierno, el sistema judicial, el Congreso y los partidos políticos.

"Todas las funciones del Estado: Ejecutivo, Congreso y el Poder Judicial, no son en este momento de la confianza de la población", dijo Polivio Córdoba, director de Cedatos

Así mismo, 92 por ciento de los consultados por Cedatos consideran que Mahuad debe renunciar o rectificar su rumbo, y sólo dos por ciento respondieron que debe continuar en el poder.

"Cuando una evidente mayoría clama por la renuncia presidencial, debe el doctor Mahuad escuchar con atención las razones de esa rara unanimidad en una república que no se caracteriza precisamente por la facilidad con que logra grandes acuerdos", señaló el analista Francisco Huerta Montalvo, subdirector del diario Expreso.

Si Mahuad "escucha bien y es honesto consigo mismo, entenderá que él es quien está equivocado y no el pueblo", dijo Huerta Montalvo, quien participó en la Comisión de Economía del Parlamento de los Pueblos y se mostró totalmente contrario a la dolarización propuesta por Mahuad porque traería enormes costos sociales para el país.

El ministro de Defensa, general José Gallardo, declaró que las Fuerzas Armadas mantendrán el orden y aseguró que la insurgencia indígena "es uno de los fenómenos más dramáticos que ha ocurrido en los últimos años" en Ecuador.

Luna Tobar pidió a militares y policías que no repriman el levantamiento indígena, que ya se inició en varias provincias del país con el corte de carreteras, ante la vigencia del Estado de Emergencia y las amenazas del gobierno de que reprimirá cualquier movilización popular. "Es cierto que estamos en Emergencia, pero confío en que la fuerza pública sabrá manejar la situación y que no reprimirá con fuerza al pueblo descontento con la mala situación del país", añadió Luna Tobar.

Vargas dijo que el levantamiento indígena tendrá carácter nacional indefinido, y se radicalizará hacia el próximo sábado con la toma de edificios públicos, ciudades y bancos.

También pidió a los representantes de organismos internacionales presentes en el país que vigilen la actitud del gobierno en los próximos días para evitar una represión en masa del movimiento indígena.

En el Parlamento de los Pueblos están presentes, junto a representantes de comunidades indígenas, dirigentes de los trabajadores de la salud, representantes de organizaciones de mujeres, de defensa de los derechos humanos, comerciantes minoristas, universitarios, jubilados y campesinos.

El ex presidente de la Suprema Corte de Justicia Carlos Solórzano Constantine, encargado de redactar las bases jurídicas del parlamento alternativo, aseguró que *"esta instancia popular tiene su base legal, al ampararse en el artículo 1 de la Constitución que señala que la soberanía radica en el pueblo"*.

Luna Tobar dijo que el objetivo de ese Congreso paralelo es anunciar que *"hay un pueblo libre y soberano que quiere hablar"*.

En cuanto a la opinión de la Conferencia Episcopal de Ecuador en el sentido de que como sacerdote católico no puede participar en política, señaló que no ha oído *"que el derecho canónigo le prohibía involucrarse en una reunión como ésta"*.

En tanto, el ex presidente del Banco Central Pablo Better, quien renunció por no estar de acuerdo con la dolarización de la economía dispuesta por el presidente Mahuad, dijo que el gobierno cambió su decisión sin tomar en cuenta al institución emisor, que *"tiene privativa de formular la política cambiaria"*.

En los últimos tres días, los precios de los alimentos se triplicaron a raíz del anuncio de dolarización de la economía y analistas económicos atribuyeron el fenómeno al clima de incertidumbre y confusión que vive el país.

La población acudió en masa a los mercados ante el temor de que se agudice la escasez con las protestas indígenas, y en algunas ciudades como Cuenca ya se comenzó a sentir el desabastecimiento.

En Guayaquil, la principal ciudad del país, sobre el océano Pacífico, se mantiene el paro del transporte iniciado el lunes, pese a la detención de cuatro dirigentes sindicales y el desbloqueo de las calles por parte de militares y policías.

Los comerciante minoristas mantienen sus locales cerrados para participar en Parlamento Popular de Guayas y los trabajadores del seguro social tomaron este martes las instalaciones del Instituto Ecuatoriano de Seguridad Social e iniciaron un paro indefinido. Los hospitales estatales también paralizaron sus actividades.

**Enero 14 (Jueves).** Un documento reservado del Banco Central de Ecuador advierte que la dolarización podría causar el caos económico, mientras los indígenas se aprestan a movilizar dos millones de personas contra la medida.

El estudio, presentado al gobierno de Jamil Mahuad en diciembre, señala que no están dadas las condiciones para implementar el programa, que fue anunciado el domingo por el propio presidente.

Los expertos aseguran que, para adoptar la dolarización, se requiere refinanciar los pasivos del Estado y contar con un sistema financiero fuerte para enfrentar un retiro masivo de depósitos porque, de lo contrario, los depositantes quedarían sin el respaldo del Banco Central.

También se dice que no habría reserva monetaria suficiente para comprar todos los sucres (la moneda local) en circulación, como dispone el plan de dolarización.

Un técnico del Banco Central que pidió el anonimato aseguró a la agencia de noticias Inter Press Service que al no existir reservas monetarias suficientes *"se corre el riesgo de mantener una economía dolarizada para unos sectores y otra en sucres para otros, lo que provocaría el caos"*.

El documento reservado también señala que la dolarización restringe la posibilidad de utilizar la política monetaria para enfrentar eventuales crisis financieras mundiales o devaluaciones en países vecinos que restarían competitividad a los productos ecuatorianos.

El técnico mencionado explicó que la situación económica de Ecuador es muy distinta a la que presentaba Argentina cuando adoptó el régimen de convertibilidad, similar a la dolarización, aunque más flexible.

*"Argentina era y es una economía mucho más potente, pero además hay que tener en cuenta que Ecuador ni siquiera ha podido consolidar una economía capitalista en muchos sectores indígenas y campesinos que no podrán acceder al dólar, y tal vez tengan que regresar al trueque"*, destacó.

Según el técnico, si en una economía relativamente poderosa como la Argentina, *"con la convertibilidad, que no es un camino de ida sin retorno, se pasó de seis por ciento de desempleo a 18 por ciento, en Ecuador los efectos serían mucho más negativos"*.

El desempleo en Ecuador es de 18,1 por ciento, y el subempleo, *"que en este país es casi lo mismo"*, de 54,4 por ciento, y si esos dos indicadores aumentaran, *"sería un caos social"*, señaló.

El gobierno de Mahuad conoció el informe del Banco Central y sabe que el país no está preparado para la dolarización, agregó.

*"Sin embargo, de un momento a otro cambió de parecer, tal vez para superar su propia inestabilidad, logrando el apoyo de ciertos sectores políticos y empresariales partidarios de la medida"*, afirmó.

Un director y dos altos funcionarios del Banco Central presentaron renuncia cuando Mahuad resolvió imponer la dolarización de la economía.

El Ministro de Desarrollo Humano, Juan Falconí, y otros portavoces del gobierno, aseguraron que la dolarización fue resuelta tras un estudio detenido de su factibilidad y consecuencias, y que las reservas monetarias son suficientes.

En cuanto al documento del Banco Central, sólo expresa una de las posiciones manifestadas en la discusión previa al anuncio de dolarización.

El documento también destaca la necesidad de un programa económico integral en el corto plazo, sugiriendo que el gobierno nunca lo ha tenido.

Además, señala que la dolarización es un esquema extremo de tipo de cambio fijo muy discutido en círculos académicos, así como en su momento se discutió la flotación o las bandas cambiarias, *"pero hasta ahora, la propuesta tiene tintes básicamente experimentales"*.

También explica que en la discusión académica se señalan como ventajas del sistema la reducción de la inflación y de las tasas de interés, creando un ambiente de confianza para la inversión.

La fuente consultada por Inter Press Service observó que regímenes como la dolarización o la convertibilidad no determinan por sí mismos la recuperación de la confianza en la economía, aunque pueden lograr estabilidad de precios, como en el caso de Argentina.

Algunos empresarios argentinos *"prefieren invertir sus ganancias en bancos extranjeros, como los 7.000 millones de dólares que tienen en Uruguay, en lugar de tenerlos en entidades de su país o invertirlos en la producción, y se cierran industrias y aumenta el desempleo"*, comentó.

El movimiento indígena y las organizaciones sociales decidieron responder a la dolarización con una protesta nacional por tiempo indefinido, exigiendo el cese de los tres poderes del Estado.

La Confederación de Nacionalidades Indígenas empezó a bloquear carreteras y a impedir la entrada de productos agrícolas a las ciudades y prevé movilizar cerca de dos millones de personas entre esté sábado y los próximos días.

Más de 50.000 indígenas y campesinos marcharán hacia Quito para tomar simbólicamente la ciudad.

Napoleón Saltos, dirigente de la Coordinadora de Movimientos Sociales, manifestó que la protesta será masiva, pero pacífica.

Saltos informó que, junto a los indígenas y campesinos, participarán de la protesta sindicalistas, transportistas, estudiantes, organizaciones barriales, profesionales y microempresarios.

Aseguró que las protestas no cesarán hasta *"frenar la dolarización"*, e hizo un llamado a la comunidad internacional para que vigile *"el desarrollo de los acontecimientos"* en Ecuador.

Varias ciudades amanecieron militarizadas este viernes y los edificios públicos custodiados por soldados y policías, ante la eventualidad de su ocupación por los manifestantes.

Unos 25.000 efectivos están acuartelados para responder a la protesta, pero el ministro de Defensa y Jefe del Comando Conjunto de las Fuerzas Armadas, general Carlos Mendoza, se comprometió ante la Conaie a no reprimir el levantamiento si éste se desarrolla de modo pacifico.

Mendoza reemplazó el miércoles en el Ministerio de Defensa al general José Gallardo, que renunció al no tener apoyo suficiente de las Fuerzas Armadas.

Trescientos campesinos retuvieron este viernes en la ciudad de Tulcán, fronteriza con Colombia, a 20 funcionarios, entre los que figuran el gobernador de la provincia de Carchi, varios alcaldes, el gerente general del Banco Nacional de Fomento y una diputada.

También sigue la paralización del transporte en la ciudad de Guayaquil, principal centro comercial, ubicada sobre el océano Pacífico.

Los dirigentes indígenas anunciaron que las movilizaciones aumentarán este sábado, cuando Mahuad presente su informe anual al Congreso Nacional.

Mahuad pidió a la población que acepte la dolarización como la única solución para evitar la hiperinflación.

Sin embargo, el nuevo esquema de conversión monetaria ha provocado que el precio de los productos en los mercados aumentó entre 50 y 300 por ciento en apenas cinco días, mientras que la mayoría población se niega a utilizar el dólar como moneda.

## CAMINO AL ARCO IRIS

**Enero 15 (Sábado).** El Movimiento Indígena y otros sectores sociales de Ecuador iniciaron un levantamiento indefinido para exigir la renuncia de los tres poderes del Estado y se aguarda la paralización total del país.

Las protestas, que habían sido anunciadas para el próximo sábado, fueron adelantadas como respuesta a la decisión del presidente Jamil Mahuad, tomada este domingo, de dolarizar la economía y de recurrir a la privatización de activos públicos para combatir una profunda crisis económica.

La dolarización demuestra que el gobierno sólo escucha a los banqueros y a los grandes agroexportadores, que exigían esa medida, opinó la Conaie.

Los dirigentes indígenas anunciaron que la protesta nacional no se interrumpirá hasta la renuncia de Mahuad, el cierre del Congreso y la destitución de los miembros de la Suprema Corte de Justicia.

También aseguraron que no aceptarán un simple recambio de autoridades nacionales, sino la instalación de un nuevo "gobierno que se preocupe por los intereses del pueblo", con participación de las Fuerzas Armadas, de grupos sociales y de los profesionales independientes.

*"Es posible que muchos ecuatorianos no estén de acuerdo con el planteamiento indígena de regresar a cero los tres poderes del Estado y reconstruir el poder desde su base"*, comentó el analista político Javier Ponce.

*"Es posible que (esa propuesta) no tenga viabilidad y presuponga una ruptura constitucional y el inminente peligro de la dictadura militar. Pero tiene la virtud de plantearse el cambio más allá de la simple destitución de Mahuad"*, destacó Ponce.

Los indígenas *"no han hablado de tomar para sí el poder. Acusarles de eso y hacer mofa de supuestas pretensiones de Miguel Lluco o Nina Pacari (dirigentes indígenas) es una salida infantil del ministro de Gobierno (interior) Vladimiro Alvarez Grau, al borde de la desesperación"*, agregó.

*"Pocos entienden que el indígena es un movimiento que, a partir de un discurso que puede parecer radical, fuerza lo posible. La posición de los indios llegará hasta donde pueda llegar por la fuerza que tiene y las posibilidades que encarne"*, indicó Ponce.

Por su parte, Mahuad intenta apuntalar su gobierno con un acuerdo legislativo con el Partido Roldosista Ecuatoriano del ex presidente

Abdalá Bucaram, el respaldo de Estados Unidos y de las Fuerzas Armadas, aunque hay opiniones muy discrepantes entre los militares.

El pacto con el roldosismo está orientado a consolidar una mayoría parlamentaria para impedir que el Congreso destituya a Mahuad como lo hizo en el caso de Bucaram en febrero de 1997. A cambio, el gobierno permitiría el regreso de éste al país.

El presidente también intenta asegurarse el respaldo de Washington. Al respecto, el canciller Benjamín Ortíz aseguró que el gobierno de Bill Clinton gestionará ante el Fondo Monetario Internacional la entrega de recursos a Ecuador aunque pocos ecuatorianos le creen al ministro, muchos aseguran que es un invento más.

Así mismo, las autoridades no descuidan el frente militar, entre versiones de que algunos oficiales simpatizan con las propuestas de los indígenas y fueron quienes retiraron su aval al ex ministro de Defensa, general retirado José Gallardo, obligándolo a renunciar.

No obstante, el Consejo Ampliado de Generales y Almirantes de las Fuerzas Armadas emitió un comunicado expresando su decisión de *"rechazar todo intento de ruptura del ordenamiento jurídico"*. Aunque para algunos analistas ese mensaje iría dirigido a Mahuad y alguno de sus ministros que habrían propuesto al general Carlos Mendoza que apoye a dar un autogolpe de Estado.

El mismo Consejo exigió *"a los poderes del Estado, a los partidos políticos y a la sociedad en general, solucionar la crisis dentro del marco constitucional y democrático"*.

**Enero 17 (Lunes).** El presidente de la Conaie, Antonio Vargas, denunció la detención de tres dirigentes sindicales y anunció que entre martes y miércoles llegará a Quito una marcha de miles de indígenas.

Ciro Guzmán, presidente nacional del Movimiento Popular Democrático, Luis Villacís del Frente Patriótico y José Chaves del Frente Unitarios de Trabajadores, fueron detenidos el sábado pasado en la casa del primero por un grupo de encapuchados que rodeó la vivienda y rompió puertas y ventanas.

Vargas consideró que la *"dolarización sólo perjudica a los más pobres"*, lo que ya se comenzó a ver con el aumento de los precios, y aseguró que *"el gobierno, como ya no es gobierno, comenzó a reprimir"*.

Ecuador está en Estado de Emergencia, con todas las garantías individuales suspendidas, y desde su declaración hace 10 días ya fueron detenidas más de 40 personas.

El ministro de Gobierno, Vladimiro Alvarez, fue llamado a la comisión de fiscalización del Congreso para que explique la violación de domicilio de los dirigentes sindicales, así como denuncias de malos tratos a ciudadanos detenidos durante las protestas.

Varias ciudades y carreteras del país permanecen totalmente militarizadas para impedir que los indígenas tomen carreteras y oficinas públicas. Las Fuerzas Armadas también tienen la orden de impedir el avance de miles de nativos hacia Quito, lo que ha retrasado la marcha hacia la capital.

En las provincias del norte, a todos los indígenas que viajen en autobus comercial rumbo a la capital se les impide continuar en el vehículo, obligando a que sigan a pie y poniendo en práctica una especie de apartheid indio que demuestra el racismo latente en el país.

Como parte de la protesta, los indígenas mantenían obstaculizadas este lunes algunas vías de la sudoriental provincia de Morona Santiago, en la Amazonía, fronteriza con Perú.

También estaban cortadas las carreteras de Cañar, Azuay y Loja, provincias serranas del sur, y algunos tramos de rutas en Chimborazo, en la Sierra central, y las provincias norteñas de Imbabura y Carchi.

Unas 3.000 personas participaron el domingo en una marcha convocada por el movimiento indígena y los movimientos sociales en la ciudad de Ibarra, capital de Imbabura. En Cuenca, varios miles de mujeres realizaron una marcha de cacerolas vacías, anticipada por un repique de los campanarios de las iglesias.

También hubo marchas de protesta en distintas ciudades medias de la Sierra y los mercados de productos agropecuarios cerraron en muchas provincias ante el temor de ser saqueados.

Vargas indicó que el bloqueo de las carreteras será progresivo hasta cortarlas totalmente, por lo que se teme desabastecimiento de los mercados de alimentos.

Los 6.500 trabajadores de la Empresa Estatal de Petróleos del Ecuador (Petroecuador) se sumaron este lunes al levantamiento indígena, amenazando con el desabastecimiento de combustible los próximos días.

Los trabajadores petroleros amenazaron con dejar de producir petróleo en los cinco campos de operación estatal, no bombear el crudo de las distintas empresas desde la Amazonía hasta las refinerías de Esmeraldas, ubicada en la costa norte sobre el océano Pacífico, y no embarcar petróleo para exportación.

Los trabajadores petroleros se oponen a la dolarización, que también implica la privatización del sector de hidrocarburos.

El presidente de la Federación Nacional de Trabajadores Petroleros del Ecuador (Fetrapec), Enrique Barros, informó que durante el paro el Estado dejará de producir 210.000 barriles de petróleo, bombear 320.000 barriles y exportar 280.000 barriles de crudo al día.

Barros no descartó que los trabajadores se sumen a la toma de pozos petroleros que realizarían algunas comunidades indígenas en el oeste del país.

Mediante la dolarización y las leyes complementarias,: *"el gobierno pretende entregar a la empresa privada su principal fuente de riqueza (el petróleo), que sólo el año pasado entregó 1.375 millones de dólares al presupuesto general del Estado"*, afirmó el dirigente petrolero.

Mientras tanto, la revista Líderes dio a conocer este lunes un informe confidencial del Banco Mundial según el cual durante 1999 los indicadores sociales de indigencia de Ecuador empeoraron en forma alarmante y se mantiene la misma tendencia para este año.

Según el estudio, Ecuador tiene 5,1 millones de personas pobres y 1,9 millones en condiciones de extrema pobreza. También asegura que para disminuir la desigualdad se requiere mejorar significativamente el acceso de los sectores pobres a servicios básicos de salud y educación.

**Enero 18 (Martes).** El presidente de Ecuador, Jamil Mahuad, consultó hoy a técnicos de la Fundación dirigida por el ex ministro de Economía argentino Domingo Cavallo, para hacer los últimos ajustes a las leyes sobre la dolarización de la economía.

En la reunión estuvieron presentes Guillermo Mondino y Jorge Vasconcelos, de la Fundación Mediterránea, José Luis Moreno, del Banco de Panamá, y Eugenio Pendaz y Pablo Guidotti, ex superintendente de Bancos y ex viceministro de Finanzas de Argentina, respectivamente.

Durante varias horas analizaron los efectos económicos de la dolarización, junto a ministros, técnicos del Banco Central y el superintendente de Bancos de Ecuador.

Mientras tanto, continúan las protestas contra la dolarización, organizadas por el movimiento indígena y organizaciones sociales, con cortes de carreteras y marchas en distintos puntos del país.

En la madrugada de este martes llegaron a Quito más de 8.000 indígenas para participar en la toma simbólica de la ciudad y se espera el arribo de otros 10.000.

Mondino y Vasconcelos, que llegaron a Ecuador el miércoles y han sostenido varias reuniones de trabajo con Mahuad y las autoridades del Banco Central, permanecerán en el país hasta que el conjunto de leyes estén listas.

Las autoridades analizaron la reserva monetaria disponible en este momento para comprar todos los sucres que están en circulación y liberar los depósitos bancarios congelados por el gobierno en marzo, aunque no informaron sobre las conclusiones.

Los bancos podrán devolver el dinero de quienes tienen depósitos menores a 4.000 dólares, mientras que quienes superen esa cantidad deberán esperar entre siete y diez años.

En los bancos que quebraron y fueron asumidos por el Estado la devolución se hará mediante bonos oficiales a 10 años, que podrán ser cambiados en la bolsa de valores, lo que según expertos representará una pérdida para los ahorradores, ya que serán comercializados a un valor mucho menor.

Cavallo recomendó al ex presidente Abdalá Bucaram la adopción de un plan de libre convertibilidad similar al de Argentina, con una paridad de uno a uno entre el sucre y el dólar, pero la propuesta recibió un fuerte rechazo en medios políticos y sociales ecuatorianos.

Mahuad se opuso a la convertibilidad propuesta por Bucaram y desde la alcaldía de Quito contribuyó a su destitución en 1997.

Algunos analistas consideran que el hecho de que sólo ahora se esté consultando a técnicos extranjeros para las leyes de dolarización demostraría que el gobierno ha tomado la medida de forma improvisada.

El empresario Andrés Vallejo, ex ministro de Gobierno durante la presidencia de Rodrigo Borja (1988-92), dijo que Mahuad adoptó la dolarización *"como una medida que superara el pedido de renuncia que se generalizaba"* y afirmó que el mandatario la calificó como un salto al vacío cuando la analizó con técnicos del gobierno. *"Lo grave en este caso es que esa opinión de salto al vacío se produjo 48 horas antes de dar a conocer la dolarización, sin que ninguna de las circunstancias económicas pueda haber cambiado"*, apuntó Vallejo.

El director gerente del Fondo Monetario Internacional (FMI), Michael Camdessus, desmintió este lunes la versión de portavoces del gobierno ecuatoriano que habían anunciado el apoyo del organismo multilateral a la medida.

*"La dolarización no es, debo ser franco, la clase de política monetaria que nosotros hubiéramos recomendado a Ecuador en esta etapa"*, dijo Camdessus durante un receso de la reunión de jefes de Estado de Africa con el FMI, que se realiza en Gabón.

El funcionario manifestó su sorpresa ante la medida, ya que técnicos del Fondo venían conversando con las autoridades económicas ecuatorianas para llegar a un nuevo acuerdo de contingencia y *"nunca se habló de una posible dolarización de la economía"*.

En tanto, el semanario británico The Economist consideró a la dolarización en Ecuador en su edición del día 15 como *"una jugada de un político desesperado"*.

*"Envuelto en pánico, la propuesta fue pobremente planeada e ineptamente explicada"*, señaló el semanario británico al describir la intervención de Mahuad. *"Al día siguiente, los inversionistas todavía se preguntaban qué exactamente quiso decir el señor Mahuad con dolarización"*.

The Economist advierte que se corre el riesgo de que la hiperinflación ocasione el caos total del sistema financiero si la dolarización no funciona y *"Ecuador estaría entonces en una situación peor de la que está ahora"*.

Para hacer frente a la escasa reserva monetaria y sostener el esquema de dolarización frente a posibles choques externos, el gobierno decidió concretar una venta anticipada de petróleo por 300 millones de dólares y así obtener recursos en dos semanas.

Parlamentarios de la gobernante Democracia Popular realizan gestiones con otras fuerzas políticas para conseguir los votos necesarios para aprobar las leyes de la dolarización cuando el presidente las envíe al Congreso.

El gobierno contaría con el apoyo del Partido Roldosista Ecuatoriano, de Bucaram, cuyos técnicos colaboran en la etapa preparatoria de la dolarización, y se espera que también el derechista Partido Social Cristiano (PSC), del ex presidente León Febres Cordero (1984-88), vote a favor de la medida.

Pero todavía existen algunas dudas, porque la semana pasada los parlamentarios del PSC no aportaron la mayoría necesaria para nombrar a los directores del Banco Central, que se encargarán de implementar la dolarización, y tuvieron que ser nombrados por decreto.

**Enero 19 (Miércoles).** Ecuador está semiparalizado por protestas y cortes de carreteras, mientras 12.000 indígenas permanecen en Quito para impedir que se apruebe la dolarización propuesta por el presidente Jamil Mahuad, y exigir el cese de los poderes del Estado.

Las Fuerzas Armadas movilizaron 25.000 efectivos para controlar las carreteras y no dejar pasar ningún vehículo particular o comercial que lleve nativos, lo que fue denunciado por organismos de derechos humanos como una actitud racista del gobierno.

Los indígenas burlaron el control militar movilizándose en pequeños grupos, en camiones tapados con lonas por caminos secundarios y caminando a través del campo y las montañas.

En Quito instalaron el campamento en el Parque del Arbolito, a tres cuadras del Congreso Nacional (parlamento), vigilados de cerca por el ejército.

Sectores de pobladores y comerciantes minoristas se solidarizaron con los indígenas llevando alimentos.

Según pudo constatar IPS en las carreteras de acceso a la ciudad, la marcha rumbo a la capital no se detiene. Siguen llegando de manera constante cientos de hombres, mujeres, ancianos y niños indígenas que cargan bolsas con papas y verduras para mantenerse en la capital.

Los nativos son recibidos por el Parlamento Nacional de los Pueblos del Ecuador, que se conformó hace una semana con 330 representantes de movimientos sociales, indígenas, religiosos, organizaciones humanitarias y no gubernamentales, pequeños empresarios, profesionales y comerciantes minoristas.

Hasta la llegada de más indígenas, los que están en Quito realizan marchas por la ciudad midiendo fuerzas con los militares.

Para la dirigente indígena Blanca Chancoso, la idea es reunir en Quito a más de 50.000 nativos para presionar al gobierno "directamente en su casa, sin descuidar la movilización en todo el país".

*"Este levantamiento es como un parto. Acaba de comenzar, pero cuando el guagua (niño, en kichwa) termine de nacer van a ver la fuerza que*

*tiene, como ya lo está demostrando al paralizar gran parte del país"*, señaló Chancoso a IPS.

La sede del Congreso legislativo y la Casa de Gobierno están resguardadas por efectivos de la policía y el ejército, y las calles aledañas protegidas con alambre de púa y vehículos antimotines. Hay uniformados apostados en azoteas con rifles de mira telescópica.

Dos helicópteros sobrevuelan la ciudad vigilando y lanzando volantes que llaman a la población a no sumarse a la protesta.

*"Nuestros hermanos vienen marchando pacíficamente desde distintos rincones del país, a pie o en camiones, y aunque las Fuerzas Armadas intentan retrasar la llegada, sabemos que en los próximos días estarán acá. Es cuestión de tiempo"*, aseguró el dirigente indígena Miguel Lluco.

Varias carreteras de la sierra, la costa y la Amazonía han sido cerradas con rocas y árboles, y los manifestantes abrieron zanjas paralizando el tráfico de vehículos.

Las provincias sureñas de Azuay, Cañar y Loja están aisladas por tierra del resto del país.

En las provincias amazónicas de Napo, Morona Santiago, Pastaza y Zamora Chinchipe las carreteras han sido bloqueadas y se han registrado numerosas movilizaciones. Mientras que en Sucumbíos, fronteriza con Colombia, los pobladores cercaron el aeropuerto impidiendo el tráfico aéreo.

Las ciudades andinas de Cuenca, Azoguez, Ibarra, Latacunga, Riobamba y Ambato están parcialmente aisladas por las protestas y el cierre de rutas.

Cientos de campesinos de las provincias costeñas de Esmeraldas, Manabí, El Oro, Los Ríos y Guayas encendieron neumáticos en las carreteras y se enfrentaron con policías y militares que intentaron despejarlas.

Los trabajadores de la Empresa Estatal de Petróleos del Ecuador (Petroecuador) dejaron de bombear crudo desde la Amazonía hasta las refinerías de Esmeraldas, en la costa norte, no embarcan crudo para exportación y no distribuyen combustible, por los que se prevé desabastecimiento.

En la capital y en distintas ciudades se han desarrollado varias marchas de protesta.

El presidente de la Conaie, Antonio Vargas, afirmó que las protestas serán progresivas y lentas.

*"Es una lucha de resistencia, que no se sabe cuánto durará, pero estamos dispuesto a soportar el tiempo que sea",* señaló Vargas a IPS.

El ex presidente ecuatoriano Rodrigo Borja (1988-1992), condenó el hecho de que los militares impidan el traslado de indígenas a Quito. *"Es una medida de carácter racista totalmente repudiable",* arguyó Borja.

Alexis Ponce, portavoz de la Asamblea Permanente de Derechos Humanos, aseguró que en los próximos días viajarán a Ecuador representantes de organizaciones de derechos humanos y parlamentarios europeos para verificar el maltrato a los indígenas y la prisiones que se registran.

Ponce afirmó también que el estado de emergencia que rige en el país hace dos semanas, con suspensión de las garantías individuales, viola los principales derechos contemplados en la Constitución ecuatoriana.

El activista recordó el allanamiento a los domicilios de tres sindicalistas y su detención, realizada por efectivos policiales encapuchados el sábado.

Se produjeron más de 100 arrestos de dirigentes desde el inicio de las protestas.

El portavoz presidencial Carlos Larreátegui aseguró que el gobierno está dispuesto a dialogar con los indígenas si dejan de lado la aspiración de que cesen los tres poderes del Estado.

*"Nosotros no dialogaremos con la Conaie mientras no renuncie a su pretensión",* dijo Larreátegui, modificando la posición inicial del gobierno en cuanto a que la movilización no tendría ninguna repercusión.

El Ministro de Desarrollo, Juan Falconí, se reunió con representantes de las cámaras empresariales en procura de detener el alza de los precios, que no paran de subir desde que Mahuad dispuso la dolarización de la economía el día 5.

Los empresarios aseguraron que el alza *"ha sido justa y se debe al incremento de los costos",* por lo que no harán caso a ningún pedido del gobierno.

Falconí afirmó que el gobierno liberará las importaciones para contrarrestar el alza de los precios, lo que fue rechazado por los dirigentes empresariales.

"No tenemos miedo a las amenazas, cuando quiera hacer algo que lo haga", afirmó Gustavo Pinto, presidente de la Cámara de Industrias.

Jaqueado por las movilizaciones y el aumento de los productos de primera necesidad entre 50 y 300 por ciento en los últimos siete días, Mahuad espera enviar este viernes al Congreso legislativo los proyectos de ley necesarios para imponer la dolarización de la economía.

Los indígenas de Ecuador propusieron hoy a los mandos militares la instalación de un *"gobierno de salvación nacional"*, integrado por organizaciones religiosas, las Fuerzas Armadas y la sociedad civil.

Mientras, se radicalizan las protestas contra el gobierno de Jamil Mahuad. Este miércoles, 15.000 personas, entre indígenas, campesinos y residentes de Quito marcharon hasta el Ministerio de Defensa.

Un grupo de dirigentes mantuvo una reunión con el titular de la cartera y jefe del Comando Conjunto, Carlos Mendoza, para exigirle que los militares no repriman las movilizaciones y tomen una posición ante la crisis que vive el país.

Ricardo Ulcuango, dirigente de la Conaie, aseguró que pidieron a Mendoza *"que cumpla el compromiso de no reprimir las protestas pacíficas y defina si el apoyo militar será para los corruptos que gobiernan el país o para el pueblo".*

*"Es un momento de definiciones y nadie puede tener una posición ambigua ante los ecuatorianos"*, afirmó Ulcuango.

También entregaron a Mendoza el plan para un gobierno popular elaborado por el Parlamento Nacional de los Pueblos del Ecuador.

Mendoza dijo comprender los reclamos indígenas y la situación de pobreza que éstos viven, pero aseguró que las Fuerzas Armadas respetan el orden institucional y aseguró que la corrupción está metida de arriba hacia abajo en el país. Además criticó a los movimientos sociales por entender que también había corruptos en sus filas.

Sin embargo, abrió una interrogante sobre la conveniencia del plan de dolarización, anunciado por Mahuad la semana pasada, para superar la crisis económica que afronta el país.

Mientras, unas 35.000 personas de distintos sectores sociales marcharon por el centro de la ciudad de Cuenca, capital de la provincia de Azuay y tercera ciudad del país, a 500 kilómetros de Quito.

El arzobispo de Cuenca, Alberto Luna Tobar, que encabezó la marcha, aseguró que éste era *"solo el comienzo del triunfo"*, y consideró que el hecho de que los militares no permitieran la llegada de los indígenas a Quito era *"un acto de violencia y racismo pocas veces visto"*.

*"El pueblo no pide el quiebre de las instituciones. Sólo pide que éstas se pongan al servicio de las grandes mayorías para que sea una verdadera democracia"*, señaló el religioso. Campesinos e integrantes de los movimientos sociales mantiene ocupada la gobernación de la provincia del Azuay.

Luego de regresar con las manos vacías de la conversación en el Ministerio de Defensa, los indígenas que están acampado en el Parque El Arbolito preparan la comida. Entre la gran mayoría de kichwas hay un shuar que participó en la Guerra del Cenepa. *"Esta es otra guerra"*, dice y recuerda unos versos de su pueblo: *"En la tembladera de los cantos copiados/ allá donde flotan los tsunki/ allá estoy temblando/ todo, nada me es difícil/ en los cantos encebrados estoy/ allá donde las canciones están/ estoy en donde nada es difícil/ donde se levantan los supai/ allá en los cantos encebrados estoy"*.

Muchas veces las adivinanzas nos muestran la magia de una cultura, el ingenio con que se pueden adaptar las palabras a la realidad, las imágenes de un paisaje determinado, la vida del mundo que nos rodea.

Algunos indígenas de Cotopaxi, en cambio, se entretienen realizando adivinanzas. Para los indígenas kichwas de los andes, las adivinanzas están indisolublemente ligadas a su cultura porque son una parte importante de su vida. A través de ellas podemos caminar por el mundo de los Andes, y descubrir las creencias, la música, el mito, las fiesta de un ser humano mimetizado a su tierra. Las adivinanzas de los indígenas andinos pueden transportarnos en las alas de un colibrí, hacernos llegar a la luna, hipnotizarnos con una planta de maíz, escuchar el murmullo de un río que baga por la montaña y descubrir el misterio de los altos nevados. Pero además nos recuerdan viejas tradiciones y, sobre todo, las cosmovisión de los pueblos indígena.

Cuando alguien le pregunta sobre su recopilación, señala que en ellas *"uno ve, oye, palpa, huele y saborea el significado que tiene su tierra para millones de campesinos e indígenas, desde la antigüedad hasta nuestros días"*. Para Kleymeyer las adivinanzas de los Andes son cortos poemas metafóricos. *"Normalmente -comenta-, no son chistes ni juegos de palabras, como en la cultura occidental, con las excepción de los que han sido prestados de esta cultura. Al oír una adivinanza del kichwa ecuato-*

riano o kichwa peruano-boliviano, hay una reacción de reconocimiento entre el que pregunta y el que responde. *En lugar de un sentido de competencia o gracia entre los dos, la adivinanza andina es como si al amanecer alguien abre la ventana a otro",* como dice Carlos David Kleymeyer

Su decir me viene a la memoria ahora en las afueras del Agora de la Casa de la cultura, cuando un grupo de indígenas se reúnen a contar adivinanzas. Miguel, pregunta a los otros: Qué es un cielo sin estrellas? Pasan algunos minutos y no surge la respuesta correcta. De pronto Luis dice "el espejo", a lo que Miguel asintió con la cabeza. Todos le preguntan cómo adivinó y este dice la siguiente respuesta: "Fue muy simple. Recordé que ayer habíamos estado conversando sobre la diferencia de este cielo lleno de edificios donde no podemos mirarnos a pesar de ser un espejo y el de Tigua lleno de estrellas. Imashi para los kichwas ecuatorianos, watuchis para los kichwas peruanos, las adivinanzas son un espejo de su cultura.

## LA UTOPÍA DE LOS PONCHOS

**Enero 20, 10 horas (Jueves).** Unos 12.000 indígenas rodearon la sede del Congreso legislativo y la Suprema Corte de Justicia en Quito, mientras soldados y policías armados con fusiles, ametralladoras y gases lacrimógenos hacen un cerco para impedir que los nativos ocupen esos edificios.

Funcionarios y diputados decidieron dejar la sede del Poder Legislativo ante la eventualidad de que lo indígenas logren ocuparlo. Varias carreteras de la Sierra, la Costa y la Amazonía han sido cerradas con rocas y árboles y los manifestantes abrieron zanjas, paralizando el tráfico de vehículos.

Las provincias sureñas de Azuay, Cañar y Loja están aisladas por tierra del resto del país.

En las provincias amazónicas de Napo, Morona Santiago, Pastaza y Zamora Chinchipe, las carreteras han sido bloqueadas, se han registrado numerosas movilizaciones y los mercados permanecen cerrados.

En Sucumbíos, fronteriza con Colombia, los pobladores mantienen cercado el aeropuerto impidiendo el tráfico aéreo.

En Napo fueron destruidos 300 metros del acueducto que provee de agua a Tena, capital de la provincia, y falta agua en algunos barrios.

Las ciudades andinas de Cuenca, Azoguez, Ibarra, Latacunga, Riobamba y Ambato están parcialmente aisladas por las protestas y el cierre de rutas y se comenzó a sentir el desabastecimiento de productos agropecuarios, gas y combustibles.

Cientos de campesinos de las provincias costeñas de Esmeraldas, Manabí, El Oro, Los Ríos y Guayas encendieron llantas en las carreteras y se enfrentaron con policías y militares que intentaron despejarlas.

Los trabajadores de la Empresa Estatal de Petróleos del Ecuador (Petroecuador) mantienen la medida de no bombear petróleo desde la Amazonía hasta las refinerías de Esmeraldas, en la costa norte, no embarcar crudo para exportación y no distribuir combustible. El desabastecimiento ya es perceptible.

La ciudad costeña de Portoviejo, capital de la provincia de Manabí, fue tomada simbólicamente por 4.000 campesinos procedentes desde distintas zonas, y varios municipios de la sierra fueron tomados por agricultores.

Ibarra, ubicada a dos horas de Quito, también fue tomada este jueves por 5.000 indígenas que llegaron de distintas comunidades para protestar frente a la gobernación.

La dirigenta de la Coordinadora Nacional Campesina, Rosa Criollo, señala que los campesinos de todo el país se mantendrán levantados indefinidamente junto con los indígenas.

*"Además del corte de carreteras, seguiremos con la ocupación de gobernaciones y municipios en todo el país"*, asegura Criollo.

Este jueves se unieron a las protestas los sindicatos de la Empresa Eléctrica Nacional, y sus dirigentes no descartaron que en las próximas horas corten la energía en algunas zonas del país.

Tras cinco días de iniciado el denominado levantamiento indígena y popular, ya han sido detenidas más de 200 personas y fueron heridos por la policía más de 20 manifestantes en todo el país.

Aunque el Ministro de Gobierno, Vladimiro Alvarez, había señalado que las protestas carecían de fuerza, voceros oficiales señalaron a la prensa la posibilidad dialogar con los indígenas para buscar una salida a la crisis.

Sin embargo, Jorge Loor, uno de los dirigentes del levantamiento, manifestó que la única salida a la crisis es la constitución de un gobierno de acuerdo nacional.

*"Ese gobierno debe poner énfasis en la soberanía monetaria del país dejando de lado la dolarización",* sostuvo.

También afirmó que debe "fomentar al sector productivo, modernizar las empresas estatales para que sean eficientes sin privatizar, reducir el pago de la deuda externa, crear un fondo social de emergencia contra la pobreza y enviar a prisión a los banqueros que saquearon el país".

**Enero 21, 10 horas (Viernes).** El cerco que rodea al Congreso cae. Luego del desconcierto inicial todos corren hacia dentro del edificio. Ya no hay alambre de púa, ni bombas lacrimógenas, ni fusiles que detengan esta marcha. Algunos miran asombrados. Entre los ponchos raídos camina un grupo de oficiales de las Fuerzas Armadas que está decidido a dar su aporte en la construcción de otro destino. Más de 2.000 indígenas apoyados por los militares ocupan el Congreso, desconocen el gobierno y designan una Junta de Salvación Nacional. Para muchos todo suena a utopía, pero a la utopía también hay que ayudarla.

La junta está integrada por el coronel Lucio Gutiérrez, el dirigente indígena Antonio Vargas y el ex presidente de la Suprema Corte de Justicia Carlos Solórzano.

Gutiérrez señala que se trata de una revolución contra la corrupción y la pobreza, y pide a la comunidad internacional el reconocimiento de "la soberanía" del pueblo ecuatoriano

*"Este no es ningún movimiento subversivo o trasnochado, ha sido pensado y planificado y estamos juntos los militares junto al pueblo indígena",* afirma Gutiérrez.

También asegura que el papel de las Fuerzas Armadas es defender la soberanía nacional y apoyar al pueblo en sus reivindicaciones más sentidas, en su dolor... *"No es papel de los militares defender un gobierno de banqueros corruptos con la excusa de mantener una institucionalidad que es violada a cada día por los que gobiernan",* dice Gutiérrez.

En el Congreso se instaló también el Parlamento de los Pueblos de Ecuador, con participación de indígenas, campesinos, representantes de los movimientos sociales y de organizaciones no gubernamentales, de profesionales independientes y de microempresarios.

La Junta emitió los primeros decretos pidiendo orden de arraigo de Mahuad, del presiente del Congreso, Juan José Pons, y del presidente de la Suprema Corte de Justicia, Galo Pico. La orden de arraigo impide a los afectados abandonar el país.

Mientras, el coronel Gutiérrez declaró que se trata de un movimiento pacífico, que lucha por recuperar la autoestima y la dignidad de los ecuatorianos.

*"Pueblo, levántate y lucha para eliminar la corrupción y la impunidad patrocinada por este gobierno, levántate para decir no al atraco del milenio, provocado por los bancos",* expresa Gutiérrez.

También llamó a la unidad para *"refundar la democracia con desprendimiento",* y así *"sacar adelante el país".* El coronel exhorta a *"los ex presidentes, a los políticos honestos, a los medios de comunicación y a todas las mujeres y hombres que amen este país",* a apoyar a la Junta de Salvación Nacional.

*"Estamos en un momento histórico. Debemos unirnos, pues si no lo hacemos, el país se desintegra",* advierte.

El presidente del Congreso, Pons, llamó a los legisladores a celebrar este sábado una reunión extraordinaria en el edificio del Banco Central, en la ciudad de Guayaquil. Pero los diputados del indigenista Movimiento Pachakutik y de la socialdemócrata Izquierda Democrática reconocieron la Junta de Salvación Nacional y pusieron sus renuncias "a la orden del pueblo".

El general Paco Moncayo, quien fue jefe del Comando Conjunto de las Fuerzas Armadas ecuatorianas durante la guerra que este país y Perú libraron en 1995 por problemas de límites, comentó que el levantamiento era previsible.

*"Cuando los mandos no se levantan para eliminar la corrupción que vive el país con este gobierno, aparecen los oficiales para buscar salidas, como ocurrió en Venezuela, cuando se levantó* (el ahora presidente) *Hugo Chaves",* dijo Moncayo.

*"Ecuador no tiene por qué ser distinto* (al caso de Venezuela), *un presidente medianamente sensible tendría que haber renunciado",* agrega.

El coronel Gutiérrez, que participó activamente en la guerra contra Perú, fue comparado por una fuente militar con Chaves, por *"su discurso bolivariano y su vinculación con los sectores más pobres de la sociedad".*

Ya había protagonizado un episodio en las Fuerzas Armadas al exigir a los mandos que tomaran partido *"contra la corrupción expresada en la quiebra bancaria y posterior salvataje (de bancos) por parte del gobierno".*

El presidente de la Conaie, Antonio Vargas, uno de los líderes de la toma del Congreso, dice que los hechos de hoy son el resultado de "la insensibilidad" del gobierno.

*"Este levantamiento del pueblo ecuatoriano ha sido totalmente pacífico, y está siendo reconocido en todos los rincones donde la gente sigue levantándose, tomando gobernaciones y protestando contra el sistema que imperó hasta hoy",* asegura Vargas. La utopía cobra cuerpo.

**Enero 21, 11 horas.** Un shamán bendice la toma del Congreso, espanta los malos espíritus brinda ayahuasca y al terminar la ceremonia vuela con su mente para recordar que unos meses atrás cinco shamanes de la región amazónica se fueron a Estados Unidos para pedir al gobierno de ese país que revoque la patente del uso de la ayahuasca.

En noviembre de 1999 la Oficina de Patentes de Estados Unidos tuvo que reconocer su error y anular la patente de esta planta sagrada.

Esta planta, que puede producir efectos alucinógenos, es considerada sagrada por los nativos de la Amazonía y se le atribuyen poderes curativos.

La Oficina de Patentes de Estados Unidos concedió una licencia al estadounidense Loren Miller para realizar experimentos medicinales con la ayahuasca y comercializarla, lo que fue repudiado por los pueblos indígenas de los nueve países amazónicos.

La Amazonía incluye territorios de Bolivia, Brasil, Colombia, Ecuador, Guayana Francesa, Guyana, Perú, Venezuela y Suriname.

*"Las plantas sagradas usadas en las prácticas culturales colectivas no se pueden patentar, porque su comercialización ofende a los pueblos indígenas",* sostienen los shamanes.

El caso de la ayahuasca es uno de tantos de "biopiratería" (apropiación de recursos biológicos) de las riquezas naturales de la Amazonía.

En Ecuador, cuya diversidad biológica en relación con su área es la mayor de América Latina, se ha denunciado que muchas compañías extranjeras utilizan los recursos naturales para investigación genética.

Portavoces de la organización conservacionista Acción Ecológica señalaron que diversas empresas extranjeras organizan programas de investigación que emplean antropólogos y etnobiólogos para obtener recursos genéticos en la Amazonía.

Uno de los ejemplos es el de la Compañía Petrolera Maxus, que hace pocos meses inauguró la estación científica de Yasuní en la Amazonía ecuatoriana.

Según el convenio firmado con Ecuador, Maxus debería transferir a ese país su tecnología y repartir parte de las ganancias generadas con el Estado ecuatoriano y las comunidades indígenas que custodian la biodiversidad, pero no está cumpliendo ese compromiso.

Algunas revistas científicas internacionales denunciaron que los recursos biológicos extraídos por Maxus son utilizados en la industria farmacéutica.

Hace dos años se sacaron de Ecuador 750 ranas vivas, cuya piel sirvió para reproducir un analgésico 200 veces mayor que la morfina, sin beneficio alguno para el país.

Ese analgésico fue patentado en Estados Unidos por la compañía Shamán Pharmaceuticals, que según un informe del diario Wall Street Journal se fundó en 1989 sobre la premisa de que "el conocimiento de los shamanes acerca de las plantas medicinales podría ayudar a desentrañar compuestos curativos y ganancias".

Algo similar ocurrió con la quinua, una planta de la zona andina, de la cual se aislaron los genes que la hacen rica en proteínas, para incorporarlos a otras plantas.

La comunidad indígena awa, que habita la costa norte de Ecuador y algunas zonas de Colombia, colaboró con el Instituto Nacional de Cáncer de Estados Unidos para la recolección e investigación de plantas que podrían emplearse en la producción de medicamentos contra el sida y el cáncer.

Más allá de la importancia de esas investigaciones, los indígenas ecuatorianos se preguntan qué beneficios obtendrán ellos y el Estado ecuatoriano por la entrega de sus recursos biológicos

De acuerdo con el Convenio sobre Biodiversidad firmado en la Conferencia de las Naciones Unidas sobre el Medio Ambiente y el Desarrollo, realizada en Río de Janeiro en 1992, los recursos biológicos son parte de la soberanía nacional.

Esto implica que tanto el Estado como las comunidades indígenas deben conocer la finalidad de las investigaciones que empleen sus recursos biológicos, y obtener beneficios de ellas. Sin embargo, es muy frecuente que esto no suceda.

El mismo Convenio establece que la investigación científica debe desarrollarse con los objetivos de conservar la diversidad biológica y promover su uso sustentable.

A su vez, el Acuerdo de Cartagena, que creó el Pacto Andino, exige que cuando los países que lo integran (Bolivia, Colombia, Ecuador, Perú y Venezuela) establecen contratos con compañías que investigan los recursos genéticos, las comunidades indígenas afectadas deben ser consultadas previamente.

La Confederación de Nacionalidades Indígenas del Ecuador, también ha protestado porque al menos diez muestras de sangre de indígenas ecuatorianos se vendieron en las denominadas "Boutiques del Genoma" en Estados Unidos.

Los genes de indígenas amazónicos chachis, huaoranis, kichwas y tsáchilas salieron del país sin que esos pueblos dieran su consentimiento para que se experimentara con su sangre.

Las muestras ahora se emplean en investigaciones sobre el genoma humano que se desarrollan en Estados Unidos, y se ha descubierto que los chachis tienen una característica genética exclusiva de inmunidad.

Esto podría ser muy importante para el tratamiento del sida, pero los indígenas ecuatorianos no aceptan que se les tome como cobayas.

Los diputados indígenas de Colombia y Ecuador iniciaron el año pasado una acción judicial conjunta de carácter internacional para recuperar las muestras, al tiempo que impulsan en sus respectivos países la aprobación de leyes que protejan la biodiversidad.

El dirigente indígena Ricardo Ulcuango comenta que las investigaciones de la sangre de comunidades autóctonas no sólo atenta contra la diversidad biológica ecuatoriana, sino también contra los derechos humanos de esas comunidades.

"Sabíamos del robo de animales y de plantas sagradas como la ayahuasca, pero no se había llegado al límite de que se llevaran la sangre de nuestros hermanos", añadió.

Según el microbiólogo francés Albert Sasson, investigador de la Universidad de París, la investigación en biotecnología tiende a satisfacer las necesidades de los mercados internacionales y no las de los países en desarrollo.

"Así se corre el riesgo de que la brecha tecnológica entre los países ricos y pobres aumente aun más. Hay que definir una estrategia para que los beneficios de la biotecnología se distribuyan equitativamente", afirmó.

**Enero 21, 16 horas.** Las Fuerzas Armadas de Ecuador piden la renuncia al presidente Jamil Mahuad, pero éste desafía a sus adversarios a tomar el poder por la fuerza, tras asegurar que no dimitirá.

*"Le hemos pedido al presidente que renuncie por el bien del país, para evitar un estallido social"*, informó públicamente el general Carlos Mendoza, jefe del Comando Conjunto.

Mendoza aseguró que los militares están "monolíticamente" unidos y exhortó al gobierno a ser "sensible" ante la situación, marcada por la crisis económica y la movilización de fuerzas populares que pretenden la renuncia de los titulares de los tres poderes del Estado.

Mahuad, en cadena de radio y televisión, afirmó que se asiste a una aventura golpista orientada a la implantación de una dictadura y que no aceptará su destitución. *"Si se trata de dar un golpe militar y de tomar el poder por la fuerza, señores, tomen el poder por la fuerza"*, dijo el presidente, para confirmar su voluntad de mantenerse en el gobierno.

El ex presidente Rodrigo Borja aseguró que ya no hay una salida constitucional y que Mahuad *"debería irse, para evitar enfrentamientos entre el pueblo"*.

**Enero 21, 18 horas.** Los jefes de las Fuerzas Armadas de Ecuador se instalan en la casa de gobierno, tras la partida rumbo a la base aérea del presidente Jamil Mahuad, y aguardan a los líderes del levantamiento popular para negociar una salida a la crisis institucional.

Así mismo, el vicepresidente Gustavo Noboa llegó a Quito procedente de Guayaquil, en la costa, respaldado por dirigentes políticos que invocan la legalidad constitucional para promoverlo como nuevo presidente.

Mahuad, antes de abandonar la sede del Poder Ejecutivo, afirmó en un mensaje por cadena de televisión y radio que no renunciará, pese a la magnitud del movimiento cívico-militar que exige su sustitución por una Junta de Salvación Nacional y a la presión de las Fuerzas Armadas, que le pidieron la dimisión.

El presidente denunció un golpe de Estado en gestación y desafió a quienes pretenden su renuncia a tomar el poder por la fuerza. Pero el líder indígena Antonio Vargas, uno de los tres integrantes de la Junta de Salvación Nacional, dio por concretado el fin del gobierno de Mahuad.

Vargas anunció que la Junta, conformada también por el coronel Lucio Gutiérrez y el ex presidente de la Corte Suprema de Justicia Carlos Solórzano, tomará la Presidencia.

La Junta de Salvación Nacional, creada en la sede del Congreso, tomado por la mañana por los indígenas y los oficiales militares que los apoyan, nombró nuevo jefe del Comando Conjunto de las Fuerzas Armadas.

Sus partidarios comenzaron a concentrarse frente a la casa de gobierno, controlada por las Fuerzas Armadas.

Mientras, los oficiales de los destacamentos militares de la provincia de Azuay y de otras regiones desconocieron a los mandos, plegándose a la Junta de Salvación Nacional, y en Guayaquil, la Marina aguarda el desenlace de los acontecimientos.

La Junta de Salvación Nacional pidió al Comando Conjunto militar, encabezado por el ministro interino de Defensa, general Carlos Mendoza, que la reconociera como autoridad legítima.

Pocas horas antes, Mendoza había informado públicamente que el Comando Conjunto de las Fuerzas Armadas había pedido su renuncia a Mahuad "para evitar un estallido social".

Mientras, en Washington, la Organización de Estados Americanos (OEA) se declaró en sesión de emergencia para tratar la crisis institucional ecuatoriana.

El secretario general de la OEA, César Gaviria, quien se hallaba en París, manifestó su *"más enérgica condena a este acto (la sublevación en Ecuador) contrario a los principios democráticos actualmente vigentes en el hemisferio"* americano.

El Grupo de Río también expresó preocupación por *"los acontecimientos que se desarrollan en Ecuador"* y su *"más enérgico rechazo a cualquier intento de vulnerar el orden constitucional y la institucionalidad democrática de ese país".*

Por su parte, el gobierno de Estados Unidos exhortó a todas las partes involucradas en la crisis ecuatoriana a respetar el orden constitucional, informó el portavoz de la Casa Blanca, Mike Hammer. Los 15 países miembros de la Unión Europea pidieron el respeto de la legalidad institucional en Ecuador, y el Ministerio de Asuntos Exteriores de España consideró especialmente "grave" la ocupación del Congreso, realizada por los indígenas y sus aliados militares. La embajada de Estados

Unidos comenzó las presiones para que se posesione al vicepresidente Gustavo Noboa.

**Enero 21, 20 horas.** Los líderes de la sublevación cívico-militar de Ecuador ingresaron en la casa de gobierno, para negociar con el Comando Conjunto de las Fuerzas Armadas la solución a la crisis institucional estallada en esta misma jornada.

La Junta de Salvación Nacional, designada por indígenas, campesinos, dirigentes sociales y oficiales apartados de la cadena del mando militar, desconoce a los tres poderes del Estado y se presenta como única autoridad legítima, dijo Antonio Vargas, integrante de ese cuerpo.

Vargas, dirigente de la Confederación de Nacionalidades Indígenas del Ecuador, y los otros dos miembros de la Junta, el coronel Lucio Gutiérrez y el ex presidente de la Corte Suprema de Justicia Carlos Solórzano, llegaron al palacio Carondelet acompañados de miles de manifestantes.

Los integrantes de la Junta entablaron conversaciones en la sede del gobierno con el general Carlos Mendoza, jefe del Comando Conjunto de las Fuerzas Armadas, y con otros altos oficiales. Los militares están divididos ante la crisis, aunque Mendoza mantiene el control de la mayoría de las unidades.

Miguel Lluco, también dirigente de la Conaie, declaró que el gobierno de Jamil Mahuad está irreversiblemente disuelto.

Mahuad abandonó la casa de gobierno luego de que su gobierno fuera desconocido por el Comando Conjunto de las Fuerzas Armadas, pese a haber asegurado que no renunciaría. Se dirigió a la base de la Fuerza Aérea en Quito, al parecer con el propósito de viajar a Chile.

Algunas versiones afirman que oficiales de la base aérea le impidieron salir del país, en cumplimiento del primer decreto de la Junta de Salvación que le prohibió viajar al exterior.

Más de 20.000 personas rodean el palacio de gobierno con banderas nacionales, en respaldo de la Junta, que se propone designar este sábado su gabinete ministerial, tras haber nombrado un nuevo jefe del Comando Conjunto, no reconocido por los militares leales a Mendoza.

La guardia militar y policial de la casa de gobierno se limitó a dejar pasar a la multitud y a los integrantes del triunvirato.

Indígenas apoyados por oficiales de las Fuerzas Armadas ocuparon por la mañana el Congreso legislativo, desconocieron el gobierno de Mahuad y nombraron la Junta de Salvación Nacional.

El vicepresidente Gustavo Noboa llega a Quito procedente de Guayaquil, respaldado por dirigentes políticos que quieren promoverlo como nuevo presidente.

Los integrantes de la Junta conversan con el general Carlos Mendoza, jefe del Comando Conjunto de las Fuerzas Armadas, y otros altos oficiales. Los mandos militares tendrían preparada un proclama dando a conocer al país su intención de declararse dictadores. Los dirigentes de la Conaie y los coroneles no están de acuerdo. Todos hablan de evitar enfrentamientos que pudieran dejar muertos. Se observa una división importante en filas militares, aunque Mendoza mantiene el control de la mayoría de las unidades, los sublevados reciben el apoyo de una parte del ejército, el movimiento indígena y las organizaciones sociales, que continúan las protestas en las calles, con tomas de gobernaciones y edificios públicos en varias provincias.

Los canales de televisión profundizan la campaña anti-gobierno popular iniciada en horas de la tarde con el desfile de políticos y empresarios que clamaban por un Golpe de Estado que coloque a Gustavo Noboa en el sillón presidencial para que la dolarización pudiera continuar. No faltan los que preparan sus maletas con temor de que posesionada la Junta los enviaran a la cárcel acusados de corrupción. Casualmente y en lo que parece una orden surgida desde algún alto funcionario todos los canales pusieron sus números telefónicos para que llamaran oficiales que no estuvieran de acuerdo con el levantamiento protagonizado por coroneles e indígenas. Mientras Mahuad se mantiene intransigente en su posición de no renunciar, comienza a caminar la conspiración pro Noboa.

## EL VICEPRESIDENTE ENTRA POR LA PUERTA DE ATRÁS

**Enero 22, hora 1.** Los mandos militares llegan a un acuerdo con los insurrectos mediante el cual se conforma una Junta de Gobierno integrada por el general Carlos Mendoza, Carlos Solórzano y Antonio Vargas. Todos los que están en la Casa de Gobierno se toman de las manos y rezan un Padre Nuestro como forma de juramento. Mendoza se compromete a respetar el alzamiento popular y atacar la corrupción, y asegura que no habrá retaliaciones con los oficiales rebeldes.

El general Telmo Sandoval, en nombre del alto mando militar, mantiene conversaciones con Gustavo Noboa y uno de sus allegados cercanos para explicarle que los acontecimientos se desarrollan a su favor, que pronto podrá estar en Carondelet.

A la hora 4, Mendoza recibe una llamada y sale de la Casa de Gobierno por el lapso de una hora y media. Cuando regresa anuncia a los otros dos integrantes del triunvirato que renuncia a la Junta porque se lo pidió su familia. Intenta darle la mano a quienes están presentes y nadie se la da, luego se va. De a poco los otros militares empiezan a abandonar Carondelet. Minutos después Vargas recibe una llamada del general Telmo Sandoval para que se traslade al Comando Conjunto de las Fuerzas Armadas. El presidente de la Conaie, acompañado entre otros por los dirigentes indígenas Miguel Lluco, Luis Macas, Ricardo Ulcuango y Salvador Quishpe llegan al Comando donde Mendoza les informa que pidió su pase a retiro y reclama que el vicepresidente Gustavo Noboa asuma la Presidencia.

Ese pronunciamiento recibe el apoyo de los otros mandos de las Fuerzas Armadas, iniciándose así el proceso que impide la instauración en Ecuador de un gobierno cívico-militar respaldado por los sectores populares.

Los dirigentes indígenas reclaman a Mendoza "por su traición" pero las cartas ya están echadas. *"Mendoza traicionó al movimiento indígena y popular, y se puso al servicio de los corruptos que gobiernan este país"*, comenta Vargas.

*"Luego de comprometerse a respetar la voluntad de un pueblo que pide en las calles terminar con los banqueros corruptos y los politiqueros de siempre, Mendoza dio marcha atrás ensuciando su traje militar, pero los indígenas mantendremos nuestra movilización y seguiremos vigilantes"*, añade.

Horas después el coronel Gutiérrez es detenido por personas vestidas de civil que dijeron pertenecer a la inteligencia de las Fuerzas Armadas. La esposa del oficial, Ximena Bohorquez, denuncia a los medios de comunicación que temía por su vida.

Noboa, que asume la Presidencia en la mañana, en la sede del Comando Conjunto de las Fuerzas Armadas recibe el apoyo de Mahuad, quien vuelve a puntualizar que no había renunciado porque *"un presidente derrocado ni renuncia ni abandona el cargo".*

La negativa de Mahuad a renunciar hace necesario que el Congreso Nacional votara una moción indicando que había abandonado su cargo, lo que ocurre al mediodía de hoy en Guayaquil, donde se reúne en sesión extraordinaria. En la instancia, los partidos políticos de derecha encontraron el artículo preciso de la Constitución para apoyar a Noboa y justificar el restablecimiento de una institucionalidad que en el exterior del país nadie cree.

*"Al no renunciar Mahuad, técnicamente se produjo un golpe de Estado que dejó vacante el cargo y llevó a la presidencia al vicepresidente"*, dice un jurista y destaca la semejanza de la salida con *"la que se produjo cuando el Congreso destituyó a Abdalá Bucaram, en febrero de 1997, por considerarlo mentalmente incapaz para gobernar".*

Sólo votan en contra algunos diputados de la socialdemócrata Izquierda Democrática, mientras que los del Movimiento Pachakutik no concurren a la reunión.

En la mañana, los indígenas y representantes de las organizaciones sociales desalojan las instalaciones del Congreso, que mantenían ocupadas desde el viernes, pero aseguran que el levantamiento y el Parlamento de los Pueblos se mantendrán.

En un primer momento, algunos oficiales desconocieron el nombramiento de Noboa *"por ser parte del gobierno de Mahuad"*, pero paulatinamente las distintas unidades militares se fueron poniendo a las órdenes del Comando Conjunto de las Fuerzas Armadas.

Los acontecimientos de ayer y hoy evidenciaron una ruptura entre la oficialidad joven y los altos mandos militares, y sobre todo el poder de convocatoria y movilización del pueblo indígena ecuatoriano. El intento de instalar en Ecuador un gobierno popular integrado por militares, indígenas y representantes de la sociedad civil abortó, pero una encuesta de la empresa Cedatos confirmó que el 71 por ciento de la población apoya el movimiento indígena y 64 por ciento respaldó el levantamiento cívico-militar.

**Enero 22, 20 horas.** El general Carlos Mendoza, ex jefe del Comando Conjunto de la Fuerzas Armadas y ex ministro de Defensa de Ecuador, aseguró hoy que el ex presidente Jamil Mahuad propuso dar un golpe de Estado similar al de Alberto Fujimori en Perú.

Antes de proponer la dolarización de la economía ecuatoriana, hace dos semanas, Mahuad propuso a los mandos militares disolver el Congreso, declaró Mendoza.

*"Sin embargo, yo no acepté esa cantinflada que él* (Mahuad) *nos proponía para romper el orden constitucional y puse el cargo a disponibilidad. Pero el no tuvo la valentía de aceptarlo y seguir con el intento",* afirmó.

Las declaraciones de Mendoza tuvieron lugar en un momento en que Mahuad acusa al militar de haber protagonizado un golpe de Estado para derrocarlo.

Como consecuencia de un levantamiento popular protagonizado por el movimiento indígena y oficiales jóvenes, las Fuerzas Armadas pidieron la renuncia de Mahuad, pero el ex presidente las desafió a que tomaran el poder por la fuerza y aseguró que no dimitiría.

*"Le hemos pedido al presidente que renuncie por el bien del país, para evitar un estallido social",* informó públicamente Mendoza. Tras esas declaraciones, Mahuad abandonó el palacio de gobierno, mientras los jefes militares se instalaban en el lugar.

Luego de conversaciones entre los insurrectos y Mendoza se acordó que el jefe militar participaría en una Junta de Gobierno integrada también por el dirigente indígena Antonio Vargas y el ex presidente de la Suprema Corte de Justicia Carlos Solórzano.

Sin embargo, tres horas después Mendoza anunció que renunciaba a la Junta, pidió su pase a retiro y reclamó que el vicepresidente Gustavo Noboa asumiera la Presidencia.

Algunos analistas atribuyeron la renuncia de Mendoza a la presión internacional, y en particular de la embajada de Estados Unidos, para que no estaba de acuerdo con un gobierno integrado por militares e indígenas.

Las declaraciones de Mendoza pondrían en duda la vocación democrática de Mahuad, quien aseguró haber defendido siempre la democracia.

Mientras tanto, las acusaciones del ex presidente abren una interrogante sobre el nuevo gobierno ecuatoriano, que habría surgido en forma ilegal.

Además, sacaron a luz la posibilidad de que los mandos militares hubieran utilizado la insurrección popular para luego desconocerla y dar un golpe de Estado para colocar en el gobierno a Noboa.

**Enero 23 (Domingo).** La principal organización indígena de Ecuador, cuyos dirigentes permanecen ocultos desde el fin de la insurrección del viernes, rechazaron las primeras decisiones del nuevo gobierno, que confirmó el proyecto de dolarización y anunció un duro paquete económico.

El presidente de la Confederación de Nacionalidades Indígenas del Ecuador, Antonio Vargas, aseguró que el levantamiento indígena no ha sido un fracaso porque se ha confirmado la fuerza organizativa y el poder de movilización.

*"Hemos demostrado que somos una fuerza. Recogimos varias enseñanzas de esta insurrección, por lo que no volveremos a cometer los mismos errores de creer en traidores como los mandos militares"*, aseguró.

Vargas dijo que el movimiento indígena y los movimientos sociales están en total desacuerdo con el desenlace que tuvo la insurrección que protagonizaron el viernes junto con más de un centenar de oficiales del ejército.

*"No aceptamos que se haya puesto en la presidencia al señor Noboa, que fue vicepresidente de Mahuad y asumió sin que éste renunciara. Estaremos atentos a las medidas que tome"*, señaló.

Para Vargas, el solo hecho de ratificar la dolarización de la economía propuesta por el ex presidente Mahuad, anunciar un duro ajuste y apoyar al superintendente de Bancos, quien promovió el alza del dólar permitiendo la especulación de los bancos manejados por el Estado, es un signo negativo.

Vargas recurrió a una denuncia del diputado del partido Izquierda Democrática Carlos González, según la cual los bancos asumidos por el Estado especularon con cientos de millones de dólares en la última semana de diciembre y la primera de enero, ante la impasividad de Guzmán.

*"Esa especulación hizo subir el dólar desproporcionadamente, y el alza fue la excusa para dolarizar el país, una propuesta con la que no estamos de acuerdo porque solo traerá más hambre a los sectores pobres"*, afirmó.

El dirigente también dijo que la unidad y la paciencia del movimiento indígena demostraron que es posible un levantamiento totalmente pacífico para lograr cambios, aunque aseguró que no volverán a confiar en mandos militares.

*"No se puede confiar en quienes apoyaron la corrupción vigente en lugar de sumarse al cambio"*, dijo.

Vargas también pidió por la vida del coronel Lucio Gutiérrez, detenido e incomunicado desde el sábado, y por los otros oficiales rebeldes.

*"Pedimos a los organismos defensores de los derechos humanos a nivel nacional e internacional que vigilen lo que ocurre en el país. Nosotros estaremos expectantes y seguiremos luchando así nos persigan y nos quieran llevar presos"*, arguyó.

El nuevo presidente Gustavo Noboa aseguró, tras tomar posesión del cargo, que entendía los reclamos indígenas pero que *"equivocaron la táctica para lograr sus objetivos debido a la desesperación en que viven"*.

Noboa también aseguró que los coroneles insurrectos debían ser juzgados para que sirva de ejemplo. *"Hay que poner disciplina en el país, no mano dura sino firmeza"*, dijo.

El nuevo Ministro de Gobierno, Francisco Huerta, que días atrás manifestó su apoyo al movimiento indígena y rechazó la dolarización en el Parlamento de los Pueblos del Ecuador y mediante pronunciamientos públicos, cambió abruptamente su posición y se mostró partidario de la medida.

También dijo que era necesario iniciar un diálogo con el movimiento indígena, pero fue despectivo al señalar que *"no vamos a curar la república con brujerías ni con manifestaciones hostiles"*.

*"La potencialidad de los indígenas no puede estar ni en el shamanismo ni en el alcohol"*, advirtió. *"Esa etnia es tan importante como la mía"*, argumentó.

En una comunidad indígena de Cotopaxi, a dos horas de Quito, los comuneros que se reunieron para hablar del levantamiento mostraban su desazón por el desenlace de la insurrección.

Mauricio Chiliquinga dijo estar triste porque tras haber logrado un gobierno popular integrado por el coronel rebelde Lucio Gutiérrez, el dirigente indígena Antonio Vargas y el ex presidente de la Corte de Justicia Carlos Solórzano, *"se dio una salida que beneficia a los políticos y poderosos de siempre"*.

Mariano Guzñai señaló que el gobierno de Gustavo Noboa era *"más de lo mismo"* y no le inspira confianza.

*"Noboa o Mahuad, es la misma cosa. Todos tienen que irse porque nadie le importa nuestra suerte y la suerte de los pobres de este país. Si les interesara ya hubieran olvidado el dólar (la dolarización) propuesto por los ricos"*, se lamentó.

"Nuestra victoria fue un fracaso, pero ya nada nos asusta y si antes peleamos contra los hacendados que nos explotaban para que nos devolvieran nuestra tierra, ahora seguiremos luchando contra los políticos y banqueros que nos roban", argumentó.

El periodista Paco Velasco, director de radio La Luna de Quito, se mostró preocupado por el hecho de que se pretenda juzgar a los coroneles sublevados, lo que profundizaría aun más la herida abierta los últimos días.

"Los rebeldes indígenas y militares realizaron la insurrección porque se vieron desesperados ante tanta corrupción y pobreza. Pueden haber equivocado el camino pero fue una lucha justa e idealista que, según las encuestas, gran parte de la población respaldó", dijo.

Para Velasco es necesaria una amnistía general que cierre las heridas y permita ir hacia delante permitiendo el retorno de los oficiales rebeldes al ejército.

"Ahora muchos diputados, dirigentes políticos y empresarios se llenan la boca con la defensa de la democracia cuando poco o nada han hecho para defenderla y llaman golpistas a quienes mostraron total desprendimiento en defensa de Ecuador", argumento.

Según el periodista, si hubiera que juzgar a todos los que propiciaron golpes de estado en Ecuador habría que juzgar a Mahuad, que fue denunciado de haber estado preparando un "fujimorazo".

"También se deberían juzgar a muchos políticos como el ex presidente León Febres Cordero (1984-1988), que dijeron conocer la gestación de un golpe, pero nunca hicieron nada por evitarlo porque tal vez esperaban un desenlace como el que finalmente se dio", arguyó.

"Si todos tienen que ir presos, también le tocaría a los diputados que tras derrocar al ex presidente Abdalá Bucaram en febrero de 1997, en lugar de proceder a la sucesión presidencial, nombraron como presidente interino a uno de ellos, Fabián Alarcón, pisoteando la Constitución", argumentó.

Velasco se interrogó por qué la constitución sirve cuando les favorece, y cuando no, la interpretan a su antojo.

También manifestó dudas sobre la legalidad del actual gobierno, nombrado por el alto mando militar y ratificado por la mayoría del Congreso legislativo al considerar vacante el cargo presidencial por abandono del presidente Jamil Mahuad.

Sin embargo, el ex mandatario nunca renunció y dijo que fue derrocado.

Jorge Loor, dirigente de la Coordinadora Nacional Campesina y uno de los que participó activamente en las protestas de los últimos días, afirmó que para el movimiento indígena y campesino de Ecuador existen dos gobiernos.

*"Uno con legitimidad y representatividad que es la expresión del Ecuador profundo y de las grandes mayorías, que se puso de manifiesto en la Junta de Salvación Nacional integrada por Lucio Gutiérrez, Antonio Vargas y Carlos Solórzano",* dijo.

Para Loor también existe un gobierno *"que dice ser legal que está presidido por el Gustavo Noboa apoyado por los partidos de derecha (Social Cristiano, Democracia Popular y Roldosista Ecuatoriano), banqueros y algunos empresarios".*

**Enero 24 (Lunes).** Hacia el exterior, la firmeza indígena y la entereza de los coroneles ante la derrota, contrasta con un espectáculo casi tragicómico como el de ciertos políticos y periodistas aterrorizados por "la pesadilla" de tener un indígena como gobernante. *"Imagine que tendríamos que hablar en kichwa",* dice algún despistado ex ministro. Mientras éstos se transforman en paladines de la democracia y la historia se encarga de olvidarlos, aquellos mantienen una dignidad de 500 años. Algunos periodistas de la prensa internacional que llegaron a Quito se sonríen al comentar la sesión del Congreso del sábado 22. Casi no lo pueden creer. *"Qué engrazados sao eses diputados",* dice un colega brasileño y agrega *"difícil de encontrar em alguma outra parte".* Un periodista de Venezuela habla del *"lamentable papel que jugaron los canales de televisión mostrando solo una cara de la moneda"* y acota *"la imagen que me queda del periodista ecuatoriano es la del canciller Benjamín Ortíz, periodista acusado de golpista".* Un escritor argentino asegura que la danza de las acusaciones *"demuestra la pobreza de esos tipos". "Mendoza acusa a Mahuad, Gallardo y Ortíz, de haberle propuesto un golpe tipo Fujimori -comenta. Gallardo acusa a Mendoza y al actual Jefe del Comando Conjunto, Telmo Sandoval, de haber estado preparando un golpe contra Mahuad desde hace tiempo. Febres Cordero dice que sabía que se venía preparando un golpe. Sin embargo no hizo nada por evitarlo porque quería que se fuera Mahuad y entrara Noboa. Los diputados de derecha acusan a (general Paco) Moncayo, de golpista por haber* *apoyado a los coroneles y al movimiento indígena y lo destituyen. El parlamento es una entidad en la que no cree nadie pero será la encargada de poner en marcha la dolarización. Los sectores de derecha en general dicen que el golpe fue de los coroneles y el movimiento indígena, aunque prefieren echarle la culpa a los coroneles y evitar las críticas al movimiento indígena. Para ellos con la sucesión presidencial se restituyó la democracia, aunque no dicen que la destitución de Mahuad la decretó el alto mando militar para poner a Noboa que entró a la presidencia sin que Mahuad renunciara. Moncayo dice que tanto (León) Febres Cordero como (Jaime) Nebot y (Fabián) Alarcón varias veces le pidieron que diera un golpe contra Bucaram cuando él era Jefe del Comando Conjunto y dice que son unos hipócritas porque en aquella época no hablaron de golpismo y ahora se llena la boca con democracia. La fiscal de la Nación inició juicio contra Moncayo, Yandún, Vargas y Solórzano, pero no contra Mendoza o Telmo Sandoval. Ecuador es campeón en romper constituciones (si es que aquí existe alguna) y decir que todo fue hecho dentro del marco constitucional".* En fin, Macondo es un chiste.

## REFERENDUM Y REFLEXIONES INDIAS

**Enero 25 (Martes)** El presidente de la Conaie, Antonio Vargas, alerta ante la posibilidad de una guerra civil en caso de que el nuevo gobierno no tome medidas a favor de los más necesitados y profundice el mismo modelo económico de Mahuad. *"No quiero asustar a nadie pero la realidad golpea demasiado y la gente ya está cansada de tanta mentira",* argumentó Vargas.

Monseñor Luis Alberto Luna, dice entender muy bien lo que anuncia Vargas. *"El país ya vive una guerra civil. No es una guerra a muerte, pero sí priva toda posibilidad de reacción y desarrollo",* asegura.

El religioso señaló que el enfrentamiento no es con armas de fuego ni primitivas, pero es una guerra "más cruel y químicamente preparada por cerebros enfermos".

*"Esos cerebros están enfermos de seudodemocracia, seudolegalidad y seudoconstitucionalidad, han tenido siempre postergado al infeliz y han salido victoriosos",* afirma Luna.

También, dice que es parte de esa guerra las acusaciones de unos a otros y la búsqueda de víctimas y victimarios con estrategias muy poco nobles.

*"Entre las estrategias de esa guerra está la de hablar de los indígenas ganando en dólares por la dolarización, sin entender su idioma de necesidades y preocupaciones, de hambre y miseria",* argumenta.

Según el obispo cuencano, lo ocurrido el viernes 21 de enero es una lección para todos, porque *"hay que oír al pueblo y no quejarse después de las consecuencias".*

Luna Tobar asegura que la salida de Mahuad la pidieron todas las fuerzas políticas y hoy algunas se *"lavan en seco"* de lo que habían propuesto, para tener participación en el nuevo gobierno.

*"No sé en qué tiempo el gobierno pueda solucionar los problemas sociales y económicos, pero tiene la obligación de hacerlo. Es lógico decir tiene 6 meses, lo ilógico es pedir que mañana se arregle",* concluye.

**Enero 26 (Miércoles).** El movimiento indígena anuncia su disposición a dialogar con el gobierno de Gustavo Noboa, a condición de que las autoridades no persigan a los líderes de la insurrección de la semana pasada.

La Conaie, que encabezó la insurrección junto con oficiales militares, está abierta al diálogo y que solo espera el llamado del gobierno, dijo el presidente de la organización, Antonio Vargas.

Noboa recibe hoy la banda presidencial en el parlamento tras el derrocamiento de su antecesor, Jamil Mahuad, el viernes pasado.

Vargas deja claro que si el gobierno *"hace un llamado a una tregua política, debe expresarse en actos de justicia plena, en políticas económicas y sociales equitativas, y que no se trate de buscar culpables entre líderes y militares patriotas".*

Las autoridades están empeñadas en castigar a los líderes rebeldes que el viernes ocuparon el Congreso legislativo y la Casa de Gobierno para formar una Junta de Salvación Nacional integrada por Vargas, en nombre del movimiento indígena, el coronel Lucio Gutiérrez y el juez Carlos Solórzano.

La detención de los coroneles insurrectos y el pedido de enjuiciamiento y prisión para Vargas, Solórzano, los diputados Paco Moncayo y René Yandún y todos los civiles identificados como participantes en el alzamiento agrega leña al fuego.

Vargas pide a la Corte Suprema de Justicia que le informe cuándo debe presentarse en la cárcel. *"Aquí estoy. No voy a correr, porque no soy banquero, ni empresario, ni uno de los que robaron plata del pueblo y corrieron a Estados Unidos"*, dice.

El dirigente argumenta que para encarcelar a todos los que participaron tendrán que construir cárceles gigantes, *"porque somos millones en el campo y en las ciudades"*.

De momento, se conocen las detenciones del coronel Gutiérrez, líder de la revuelta, y de sus pares Celso Andrade y Jorge Brito, aunque se iniciaron juicios contra 300 oficiales que apoyaron la insurrección.

Esto ha creado más división y malestar en filas militares, ya que, además de ser muchos los oficiales a ser juzgados, son muy apreciados por la tropa, se han destacado como líderes y tienen buenas calificaciones.

*"Lamentablemente, lo ocurrido ha debilitado a la institución armada"*, que vive *"una situación muy delicada"*, dijo el nuevo ministro de Defensa, almirante retirado Hugo Unda.

El ministro asegura que los militares insurrectos serán juzgados por la justicia castrense y que tendrán garantizada su integridad, así como el legítimo derecho a la defensa.

Noboa acepta que la crisis que afecta *"a las grandes mayorías"* dio origen a la *"inconformidad popular"* que se *"acentúa en el pueblo indígena"* y *"merece ser atendida"* con urgencia.

La Conaie propone al nuevo gobierno que llame a un plebiscito junto con las elecciones municipales del 21 de mayo, para preguntar a la ciudadanía si aceptan a Noboa como presidente, así como la dolarización y las privatizaciones que propuso Mahuad y mantiene como proyectos el nuevo gobierno, informó Vargas.

Noboa asumió la Presidencia el sábado en la sede del Comando Conjunto de la Fuerzas Armadas luego de un golpe de Estado de la cúpula militar, que desconoció al gobierno de Mahuad y a la Junta de Salvación Nacional constituida por los indígenas y coroneles sublevados.

Al recibir la banda presidencial, el nuevo presidente hace un llamado a *"la unidad, (la) reconciliación y (la) solidaridad entre ecuatorianos"*.

El ex jefe del Comando Conjunto de las Fuerzas Armadas de Ecuador y ex diputado socialdemócrata Paco Moncayo asegura que se ha instaurado una "caza de brujas" contra los insurrectos que *"evidencia el temor de los grupos poderosos"* y puede traer "consecuencias muy lamentables para el país".

*"Esta es la venganza de una derecha enferma mental y espiritualmente que busca salir del gran susto que tuvo de ver al pueblo con capacidad de llegar al poder"*, señala Moncayo.

Moncayo renunció el viernes a su banca de diputado ante la Junta de Salvación Nacional y ratificó hoy su decisión, ante las presiones de legisladores de derecha que intentan expulsarlo arguyendo ciertos leguleyos y acusándolo de golpista por su participación en la rebelión.

Moncayo propone a los movimientos sociales iniciar una campaña de recolección de firmas para solicitar *"la anulación del mandato de los diputados".*

Para el arzobispo de la ciudad de Cuenca, Alberto Luna Tobar, solo el perdón puede sanar las heridas *"que no son de ahora sino que se profundizaron con la situación económica y pueden empeorar si no se buscan salidas mediante el diálogo".*

Diversos analistas afirman que sólo el diálogo del gobierno con las organizaciones indígenas y con la sociedad civil podría evitar en Ecuador la profundización de los antagonismos que provocaron la sublevación popular de la semana pasada.

La crisis que generó la insurrección protagonizada por indígenas, movimientos sociales y oficiales de las fuerzas armadas sigue latente y amenaza con desatar un nuevo conflicto, agregaron.

El editorial del diario *El Comercio,* de Quito, pone de manifiesto el peligro de una fractura social de consecuencias impredecibles si el nuevo gobierno mantiene el proyecto de dolarización propuesto por el derrocado Mahuad, sin escuchar al movimiento indígena.

*"La dolarización no solo alineó a las elites. Se convirtió en el símbolo, para los movimientos indígena y sociales, de un sistema que no están dispuestos a dejar pasar",* según *El Comercio,* el diario más importante de la capital ecuatoriana.

La dolarización se ha convertido en frontera divisoria entre los movimientos sociales y *"buena parte de las elites de poder",* agregó el editorialista.

*"Poner los relojes a la hora es doloroso. Pero ni las elites, partidarias de la dolarización, ni el gobierno han dicho cómo —y cuándo— piensan hacer un pacto social con el país marginado",* señaló.

Para *El Comercio*, si no hay acciones en esa dirección, *"la fractura social puede agravarse y servir de caldo de cultivo para acciones irracionales y extremistas".*

**Enero 28 (Viernes).** La Asamblea Nacional de la Conaie, reunida hoy con delegados de las distintas nacionalidades y pueblos indígenas reflexionó sobre la insurrección popular que lideraron junto a un grupo de oficiales progresistas. Serenidad, a pesar de la derrota. *"Nuestro camino es largo, no se termina en un día, y esto fue un avance dentro de ese camino",* señala Antonio Vargas.

Para el presidente de la Conaie, ese pequeño paso en una ruta de siglos no deja de ser gigantesco. *"A veces los mestizos son muy apurados creen que las cosas se logran con una marchita disuelta por la policía. Las cosas se logran con tiempo",* comenta Vargas.

La Asamblea destacó las acciones del 21 de enero en distintas provincias con ocupaciones de alcaldías y gobernaciones, como sucedió en Carchi, Cotopaxi, Bolívar, Azuay, Guayas, la toma de pozos petroleros en Napo y el corte de carreteras en todo el país. Para los participantes la movilización en Quito también fue un éxito, sin embargo surgen algunas interrogantes, Hay quienes dudan si no fue demasiado fuera de la realidad marchar hacia la Casa de Gobierno. Algunos se preguntan si no hubiese sido mejor quedarse en el Congreso y negociar con el nuevo presidente una consulta popular desde una posición de fuerza. Otros creen que fue un error negociar con el alto mando cuando nunca habían mostrado su oposición frontal al sistema. También están aquellos que aseguran que la movilización indígena puede haber sido utilizada para sacar a Mahuad y que se diera el desenlace conocido y querido por los sectores de derecha y la embajada de Estados Unidos. Hay un grupo que se pregunta sobre la participación como asesor de la Conaie desde hace un buen tiempo de determinado personaje cuestionado éticamente por haber estado demasiado vinculado a la policía como soplón. Hay quienes quieren que renuncien los diputados de Pachakutik y quienes aseguran que sería perder un espacio político ganado. Hay un clima de autocrítica entre los indios, de reflexión, de intentar rescatar todo lo positivo de una derrota y fortalecer esa férrea unidad que se evidenció en las movilizaciones de 1999 y de las últimas semanas. Hay muchas interrogantes y mucho que reflexionar, pero más allá de los errores, la insurrección del 21 de enero confirma algo que todos los gobiernos dicen pero no ponen en práctica: Ecuador no puede caminar sin contar con el Movimiento Indígena.

La Asamblea resuelve pedir al presidente de la República, Gustavo Noboa, que convoque a una Consulta Popular para el 21 de mayo, cuando se realizan las elecciones seccionales, y *"así afirmar la democracia".*

Las preguntas que plantea la Conaie son las siguientes: ¿Está usted de acuerdo con la voluntad soberana del pueblo que el 21 de enero del 2000 determinó la salida del presidente Jamil Mahuad y con el cese de los diputados del Congreso y los ministros de la Corte Suprema de Justicia?; ¿Está de acuerdo con que el Ecuador mantenga su soberanía monetaria y que el sucre siga siendo la moneda oficial, y se descarte la dolarización?: ¿Está usted de acuerdo con la devolución inmediata de los depósitos congelados al valor correspondiente a la fecha de su congelamiento, y está de acuerdo con la repatriación de los dineros mal habidos y con el enjuiciamiento de todos los banqueros que han perjudicado al Estado o se han beneficiado ilegalmente de recursos públicos?; ¿Está de acuerdo con que el Estado, en ejercicio de su soberanía, mantenga el control, la operación y la propiedad del petróleo, la electricidad, las telecomunicaciones y la seguridad social, que se niegue totalmente el proyecto de la Comisión Interventora y se suspendan todos los procesos de privatización?

*"Si es que quieren tanto la democracia y se llenan la boca con ella, regresen la soberanía al pueblo en una consulta popular y demuestren que son verdaderos demócratas",* dice Miguel Lluco, y enfatiza: *"Si es que la autoridad de las autoridades viene del pueblo que acepten ponerla a disposición de éste".*

En caso de que Noboa no acepte recurrir al plebiscito, la Conaie y los movimientos sociales deberán reunir alrededor de 605 mil firmas para llevar adelante un referéndum en lo que puede ser un nuevo reto para el movimiento indígena y los movimientos sociales ecuatorianos.

**Febrero 15 (Martes)** El movimiento indígena de Ecuador inició hoy la recolección de firmas para promover un plebiscito por el cese de los parlamentarios y de los miembros de la Corte Suprema de Justicia, y contra la dolarización, las privatizaciones y la presencia militar estadounidense en el país. Los indios prometen recoger cinco millones de firmas para convocar el plebiscito.

En el documento final de consulta también se interroga a la población si está de acuerdo con el archivo inmediato de los procesos judiciales contra militares y civiles que participaron en la sublevación popular del 21 de enero. Catorce coroneles y 110 oficiales de menor graduación han sido acusados ante la Justicia Militar por haber apoyado a los indígenas, mientras que el líder indígena Antonio Vargas y otros civiles enfrentan procesos en la justicia civil.

Las preguntas que habían sido planteadas en un comienzo fueron reelaboradas por constitucionalistas a pedido del Parlamento de los Pueblos, pero en esencia mantienen el mismo contenido

Una encuesta de opinión de la empresa Cedatos divulgada ayer registró que 70 por ciento de los ecuatorianos está de acuerdo con el plebiscito, por lo cual los expertos estiman que la iniciativa tendrá éxito.

Blanca Chancoso, dirigente de la Conaie, dijo que las interrogantes fueron estudiadas al detalle para que "nadie diga que son inconstitucionales".

Chancoso aseguró que ya existen cerca de 80.000 firmas de apoyo a la convocatoria, porque "muchos han enviado firmas sin que se les enviara las preguntas de la consulta, en respaldo a los dirigentes y a las acciones que se han hecho".

El presidente del Tribunal Supremo Electoral, Eduardo Villaquirán, solicitó a quienes apoyan el plebiscito que incluyan preguntas que no violen la Constitución.

Explicó que la "Constitución aprueba que la ciudadanía llame a consultas populares, pero también exige que estén sujetas a las prohibiciones que ella establece".

Villaquirán informó que los representantes indígenas, si pretenden realizar la consulta junto con las elecciones municipales, a realizarse el 21 de mayo, deberán entregar las firmas 45 días antes.

El planteo de plebiscito impactó en los tres poderes del Estado y en las principales fuerzas políticas, que se apuraron a decir que con la propuesta "los indígenas buscan sembrar el caos en el país".

El presidente del Congreso, Juan José Pons, opinó que el plebiscito provocaría una mayor inestabilidad en el país y defendió la labor de los diputados, cuya credibilidad no llega a ocho por ciento de la población, según varias encuestas.

Ante la posibilidad de que se concrete la consulta y que el parlamento sea disuelto para convocar a nuevas elecciones, los legisladores planean cambios para mejorar la imagen y recuperar la credibilidad perdida. Una de las medidas en estudio para este fin es la contratación de una cadena de radioemisoras que transmitan a todo el país las sesiones legislativas.

Algunos analistas entienden que esta actitud del Congreso estaría demostrando que no "aprendió la lección del 21 de enero".

El arzobispo de la ciudad de Cuenca, Luis Alberto Luna, señaló que, por los signos que dan los políticos, casi nadie ha comprendido el significado profundo del mensaje pronunciado por los indígenas en enero durante la llamada "toma de Quito".

"Me permito decir a los grupos que rodean al nuevo mandatario (Gustavo Noboa) que vean con ojos más abiertos, más sinceros y más libres cuánta injusticia hay que resolver en el país. Eso deben hacer los grupos políticos que están aprovechándose del triunfo de los indígenas", afirmó Luna.

En los próximos días, dirigentes de la Conaie realizarán un recorrido por todo el país con el propósito de recolectar firmas para celebrar el plebiscito.

Vargas, al iniciar la recolección de firmas, aseguró que la "'consulta no es negociable".

Por su parte, Chancoso se quejó de que ahora el Tribunal Electoral "exija a los indígenas que se ciñan a la Constitución, cuando hace dos semanas autorizó una consulta inconstitucional para determinar la autonomía política y económica de la provincia de Guayas".

"Todas las preguntas son constitucionales, pero igual es hora de que las autoridades revean sus decisiones y se actualicen, porque no estamos en la época de la colonia española como para que sigan queriendo maniobrar al pueblo", dijo Chancoso.

Los dirigentes de la Conaie y los movimientos sociales dialogarán este miércoles con el presidente Noboa.

Posteriormente mantendrán una reunión con el secretario general de la Organización de Estados Americanos, César Gaviria, quien llegó este martes al país para conversar con Noboa y los diferentes sectores políticos.

Vargas señaló que le pedirán a Noboa que cambie su política económica y le manifestarán el rechazo a la dolarización de la economía.

"Si Noboa sigue con la misma estructura va a tener graves problemas porque el pueblo no aguanta más la pobreza y las mentiras", indicó.

La reunión se realizará una semana después que tres dirigentes indígenas denunciaran un atentado contra sus vidas por parte de "fuerzas represivas".

El día 10, el automóvil en el que viajaba Vargas junto a los también dirigentes Ricardo Ulcuango y Salvador Quishpe fue seguido por dos vehículos sin placas identificatorias y vidrios ahumados, que le cerró el paso y obligó a su conductor a realizar una maniobra que lo llevó a un precipicio.

El incidente ocurrió cerca de la ciudad de Riobamba, en la sierra central, denunció Ulcuango.

Ulcuango, quien resultó con fracturas en la clavícula y su brazo derecho, afirmó que "las fuerzas represivas han estado amenazando en varias ocasiones a la Conaie, mediante llamadas telefónicas".

Chancoso responsabilizó "directamente al gobierno" por el hecho y dijo que también "hay sectores interesados en que no se continúe con la lucha iniciada por los indígenas, que llevo a la insurrección de enero".

**Febrero 25 (Viernes)** El fantasma de la violencia política se presentó en Ecuador en la forma de cartas explosivas, la irrupción de una supuesta organización armada y ataques de políticos de derecha a indígenas y a grupos sociales opuestos a la dolarización y las privatizaciones.

La primera carta explosiva detonó la semana pasada en la cara del periodista Rafael Cuesta, ex diputado del derechista Partido Social Cristiano, que sufrió pequeñas heridas sin gravedad.

Esta semana, la legisladora socialcristiana Cynthia Viteri y el dirigente indígena evangélico Marco Morillo recibieron sendos sobres explosivos. Ninguno llegó a explotar porque las víctimas fueron alertadas y la policía pudo desactivarlos.

Todos los envíos fueron realizados desde la ciudad de Cuenca, con el nombre de Gustavo Mendez como remitente.

Otros ocho sobres similares fueron recibidos por periodistas de Quito y Guayaquil con panfletos de un supuesto Ejército de Liberación del Pueblo (ELP), que se define como una "organización político-militar" de "tendencia marxista" que procura implantar "el socialismo en Ecuador".

En la proclama, el ELP exige la renuncia del presidente Gustavo Noboa, la conformación de un gobierno popular, la estatización petrolera, el no pago de la deuda externa, la salida de los militares estadounidenses de la Base de Manta y la congelación de los precios de los productos básicos.

También advierte que todos los diputados que apoyen el proyecto de dolarización y privatizaciones, y los empresarios que se beneficiaron durante el gobierno de Jamil Mahuad, son sus objetivos militares.

En las supuesta proclama del ELP se dice que atentaron contra Rafael Cuesta porque colabora en un canal que defiende a la burguesía, contra Cynthia Viteri porque su partido votará a favor de la dolarización, y contra Marco Murillo por dividir al movimiento social.

En el futuro, sus objetivos político-militares serían todas las personas naturales y jurídicas relacionadas con la base naval "imperialista" de Manta, donde hay apostados militares estadounidenses, el gobierno y los banqueros.

El envío de los sobres bomba y la proclama constituyen, para algunos analistas, una provocación de sectores de extrema derecha, en procura de desprestigiar el plebiscito que promueve el movimiento indígena para revocar el mandato de los legisladores, y contra la dolarización y las privatizaciones.

Portavoces de partidos de derecha emitieron declaraciones para involucrar a movimientos sociales en los ataques y en la proclama.

El alcalde de Guayaquil y ex presidente (1984-1988), León Febres Cordero, atribuyó los atentados a la izquierda y consideró que si los indígenas toman las armas también deberían ser enfrentados con armas.

La religiosa católica Elsie Monge, presidenta de la Comisión Ecuménica de Derechos Humanos, señaló que rechaza todo acto de violencia, pero pidió que se investigue muy bien de donde proceden.

"Pedimos que no se intente involucrar a gente inocente en estos atentados para después justificar la represión", dijo Monge.

La religiosa recordó a las autoridades que muchas veces los parapoliciales vinculados con sectores políticos extremistas "realizan autoatentados para provocar la violencia".

"No acuso nadie en especial pero pido que se investigue", afirmó.

Miguel Lluco, coordinador nacional del indigenista Movimiento Pachakutik, atribuyó las cartas explosivas a sectores de extrema derecha. Lluco recordó que durante el gobierno de Febres Cordero fueron contratados expertos internacionales en terrorismo que capacitaron a la policía en tácticas represivas.

El dirigente político hizo un llamado urgente a la policía y las fuerzas armadas para que investiguen y presenten a la ciudadanía a los responsables de estos hechos.

"El movimiento indígena no tiene recursos económicos ni técnicos para fabricar ese tipo de artefactos. Sospechamos que detrás de esos hechos están los sectores interesados en implantar un modelo económico que favorece a unos pocos, con la dolarización y las privatizaciones", arguyó Lluco.

También aseguró que esos sectores "temen el plebiscito porque saben que la mayoría de los ecuatorianos están contra ese modelo y entonces buscan desencadenar un espiral de violencia".

Para Lluco, las cartas explosivas pueden ser una excusa para futuros atentados contra líderes indígenas y populares. "El gobierno tiene la obligación de demostrar la autoría de los responsables. De lo contrario, nos quedamos en las meras presunciones", señaló.

El arzobispo de Cuenca, Luis Alberto Luna Tobar, aseguró que "en Ecuador no hay insurrección ni extremismo, hay casos de violencia" por la crisis que vive el país.

Raúl Moscoso, de la Defensoría del Pueblo, no descartó que exista algún vínculo entre los autores de las cartas explosivas y grupos parapoliciales que habrían participado en 1998 en el asesinato del dirigente sindical Saúl Cañar.

"Hay brigadas de autovigilancia rural, que en unos casos fueron capacitados por la Policía Nacional y en otros por las Fuerzas Armadas", recordó.

Moscoso mencionó las declaraciones del líder paramilitar colombiano Carlos Castaño según las cuales "73 ecuatorianos fueron adiestrados para la muerte" por sus hombres.

Antonio Vargas, presidente de la Conaie, reiteró que el movimiento indígena ha optado por buscar los cambios "que el país necesita sin violencia" y que "no tiene nada que ver con estos atentados".

"Ya hemos dicho que la violencia no lleva a ninguna parte. Movilizar grandes masas con organización es el mejor camino para buscar los cambios", comentó Vargas.

También aseguró que si estos cambios no llegan puede desembocar en la violencia, "pero hay que manejarse con prudencia para que ello no ocurra".

"En todo caso, hay que saber que en el futuro puede darse una gran explosión social, inclusive una guerra civil, porque la gente puede salir a saquear si no tiene para comer", aseguró.

Vargas descartó que el movimiento indígena pueda realizar atentados o iniciar una lucha armada por parte de los indígenas.

Las organizaciones de derechos humanos también exigieron al gobierno que no queden en la impunidad los crímenes del sindicalista Saúl Cañar y del diputado del izquierdista Movimiento Popular Democrático Jaime Hurtado.

Un año después del asesinato de Hurtado, cometido a una cuadra del Congreso Legislativo y de la Corte Suprema de Justicia y en el que estuvieron involucrados colaboradores de la policía, no se descubrieron los autores y los posibles cómplices del crimen estarían a punto de ser liberados.

Mientras, 14 meses después del asesinato de Cañar, quien apareció muerto con muestras de haber sido torturado, no fue detenida ninguna persona sospechosa.

Para las organizaciones humanitarios, si no se descubre a los "verdaderos autores" de estos crímenes y de las cartas explosivas "se corre el peligro de caer en una espiral de violencia que le haría mucho daño al país".

**Febrero 28 (Lunes)** Tres delegados del gobierno de Estados Unidos llegaron a Ecuador para enseñar normas de buen comportamiento a sus gobernantes y advirtieron que las leyes para dolarizar el país no deben sufrir distorsiones que puedan anularla.

Los tres delegados de la Casa Blanca son: Arturo Valenzuela, asesor del presidente Clinton en asuntos de América Latina; Edwin Truman, secretario adjunto del Tesoro de Estados Unidos y Peter Romero, encargado del gobierno norteamericano para asuntos latinoamericanos. Romero, que fuera embajador en Ecuador fue, según distintas denuncias, uno de los que trabajó en la sombras durante la rebelión del 21 de enero, presionando a los mandos militares para que se produjera un golpe de estado a favor de Noboa.

Los funcionarios brindaron su respaldo al presidente ecuatoriano y felicitaron al Congreso por su empeño en aprobar las leyes que permitirán la dolarización.

A esta injerencia económica de Estados Unidos se suma la militar, evidenciada en la presencia norteamericana en la base de Manta, otras maniobras y en la intención de involucrar a Ecuador en un denominado Plan Colombia que podría regionalizar el conflicto interno colombiano.

Teniendo en cuenta esta realidad, el futuro del país no parece ser bueno, porque se le estaría llevando hacia un incendio que la mayoría de la población no quiere.

El propio ex precandidato a la Presidencia de los Estados Unidos, por el Partido Demócrata, Lindon LaRouche, denunció que la actual situación de crisis global que vive el país habría sido precipitada por un muy bien elaborado plan internacional para destruir al Ecuador, en que estaría involucrado el gobierno de los Estados Unidos. La denuncia difundida hoy, fue realizada en un diálogo que mantuvo el pasado 23 de enero con delegados del Partido Demócrata del estado de California. "A Ecuador se le está destruyendo. Lo destruyen la OEA y el FMI. Lo destruye el Departamento de Estado encabezado por Madeleine Albright, deliberadamente", apuntó.

Y luego añadió que "las condiciones que se le han impuesto a Ecuador y que precipitaron los dos golpes, son el resultado de que el Gobierno de los Estados Unidos respalda el que se imponga la esclavitud, la llamada dolarización".

"Esto es genocidio. Hemos creado el caos. Ahora tenemos, por ello, una situación muy peligrosa en ese país, que puede propagarse como un contagio y empeorar la situación de Colombia y agravar la situación de Venezuela", argumentó LaRouche

El dirigente del Movimiento Pachakutik, Virgilio Hernández, señaló que las declaraciones de LaRouche son una muestra de que Ecuador viene siendo utilizado por los organismos internacionales y el Departamento de Estado, como elemento de ensayo para políticas que se irán implementando en toda América Latina, como parte de un nuevo reordenamiento geopolítico de la región. "La dolarización, que busca adherir un nuevo mercado a la zona de influencia norteamericana, y la base de Manta, que pasó de un simple monitoreo al control de la región, son los indicios de la situación de sumisión del Ecuador", arguyó Hernández.

# ENTRE VOCES

Las palabras son como animales viejos guarecidos en la memoria. La memoria es como un laberinto donde las antiguas palabras convocan fantasmas que se parecen mucho a los recuerdos. En el mercado de los hombres se han trocado las palabras. Comencemos a buscar el sitio donde quedaron escondidos los significados, y rescatar los principios éticos que algún día fueron la esencia misma de las relaciones sociales. Escuchemos las voces detrás de los volcanes, y con ellas la palabra.

## ANDRÉS GUERRERO
*Los indígenas y el mito constitucional*

Andrés Guerrero es uno de los sociólogos ecuatorianos más reconocidos en el exterior. Obtuvo su maestría de Sociología en la Universidad de París, ha realizado investigaciones en distintos países de América Latina y Europa y es profesor visitante de la Facultad Latinoamericana de Ciencias Sociales. Ha publicado varios libros sobre la realidad campesino-indígena del Ecuador, con la que convivió durante largo tiempo. Entre sus obras más destacada están: *"El campesinado huasipunguero en Ecuador", "La hacienda precapitalista en Ecuador", "Estrategias campesino-indígenas de reproducción", "De la economía a las mentalidades: estructuras y conflictos agrarios"*. En su último libro *"La Semántica de la dominación: el concertaje de indios",* aporta una investigación en la que desentraña la problemática agraria vinculada a la reforma agraria en Ecuador. Desde hace algunos años viene investigando las relaciones de dominación a través de las distintas constituciones ecuatorianas y la relación de las leyes del país con la realidad indígena.

- **Una preocupación permanente de sus investigaciones ha sido las relaciones de dominación en el mundo indígena ¿Qué buscaba probar con sus trabajos?**
- Mi interés era saber cómo se establecieron (a partir de la constitución del Ecuador como República) relaciones de dominación étnica muy fuertes encubiertas por la "Constitución de una República de los libres e iguales ciudadanos". El Ecuador sigue los modelos de la revoluciones francesa y norteamericana, que están basados en el estado de libres ciudadanos que viven en "libertad e igualdad". También se marca la homogeneidad, ya que todos los ciudadanos tienen que ser culturalmente iguales y ahí empieza el problema.

- **Se puede hablar de que la Constitución en Ecuador ha sido una obra de ficción?**
- El mito de la Constitución sirvió para que se constituyera un estado nacional llamado Ecuador, en un territorio que era de la Real Audiencia de Quito, con una población que desde 1830 se autobautiza como ecuatoriana.

Mis investigaciones siempre apuntaron a saber de que forma este mito fundador (la Constitución de República) encubría relaciones de dominación, ya que pasados 170 años, uno sale a la calle y se encuentra con que el "ciudadano ecuatoriano, libre, igual y homogéneo" no existe. No solamente existen las diferencias de clase, que de alguna manera está previsto en la Constitución ya que se establece que "los ciudadanos pueden ser diferentes en cuanto a fortuna". Pero el país está integrado por blancos e indios y la Constitución no solamente encubrió sino que también reprodujo las relaciones de dominación étnicas. Las organizaciones indígenas nos mostraron la realidad de que el estado nacional de "libres e iguales" era una ficción.

- ¿Cómo se construye esa ficción?
- Cuando se discute sobre la reforma de la Constitución como si fuera a cambiar una realidad social, económica y simbólica se construye la ficción.

Mientras la Constitución es algo abstracto que trata de formular el ideal de sociedad a la cual quieren llegar algunos, las leyes administrativas son más pragmáticas, reglamentan lo inmediato para que se transforme en la realidad. Lo interesante, es que la parte administrativa no considera la existencia del ciudadano. Es decir, en ningún momento se les consulta a los ciudadanos sobre la conveniencia o no de adoptar una ley. Se la adopta sin que nadie puede discutir. Mientras se llama a referéndum para cambiar algo abstracto como la Constitución, se pasa entre gallos y medias noches una ley que puede transformar efectivamente cosas muy importantes. No hay sistema democrático si se mantiene por un lado la cara de ciudadanía que es un derecho abstracto, y por el otro la administración de población que es un hecho real de la relación estado-población.

- ¿Usted cree que el movimiento indígena está planteando un acercamiento entre estas dos caras?
- Cuando los indígenas reivindican la plurinacionalidad y dicen que quieren otro tipo de formación política, en la cual tengan cabida como ciudadanos diferentes, con sus nacionalidades, están en contra del proceso histórico que asoció la ciudadanía y la administración de población. Hasta ahora esta administración ha tratado de socavar el funcionamiento de las organizaciones indígenas porque reivindican como

punto esencial el sistema comunal. Yo no quiero idealizar para nada el sistema comunal, ni mucho menos, pero sí constituye un elemento crucial de reivindicación para las organizaciones indígenas.

- **Hablemos un poco de lo que significa la comunidad en términos culturales y simbólicos.**
- Uno de los puntos de unión del ordenamiento simbólico de los indígenas es la comunidad, es algo mitológico. En el ámbito doméstico, interdoméstico y parcialmente comunal existen relaciones de solidaridad que no son mercantiles. Eso crea una solidaridad que tiene un efecto de cohesión política, cultural y simbólica. El ideal de algunos sería que los indígenas dejen de pensar en eso y se transformen en compradores y vendedores. Los indígenas saben manejarse muy bien en dos códigos: el mercantil hacia afuera y el de la reciprocidad y solidaridad comunal hacia adentro. Si se acaba el aspecto comunal se desintegra la solidaridad. Si se desintegran las formas de solidaridad puede haber una situación de violencia generalizada.

## ANTONIO VARGAS
*Una remezón a los políticos*

Antonio Vargas es oriundo de la provincia amazónica de Pastaza. Pertenece a la nacionalidad kiwcha y fue dirigente de la Organización de Pueblos Indígenas de Pastaza (OPIP). Llegó a la presidencia de la Confederación de Nacionalidades Indígenas del Ecuador (Conaie) en 1996, cuando ésta sufría una aguda división entre las organizaciones de la Amazonía y las de la Sierra, fomentada por el gobierno del entonces presidente Abdalá Bucaram. Fue reelecto en el último Congreso realizado en noviembre del año pasado, por pocos votos de diferencia sobre Ricardo Ulcuango, entonces presidente de Ecuarunari, la organización más poderosa de la Conaie que integra a todos los pueblos kiwchas de la Sierra. Luego Ulcuango fue electo vicepresidente por unanimidad. Durante su período al frente de la Conaie, Vargas buscó mantener la unidad del movimiento indígena y que la decisiones fueran compartidas con Ecuarunari. Fue un factor importante en la alianza el Movimiento Indígena y los oficiales progresistas de la Fuerzas Armadas durante la rebelión popular del 21 enero del 2000 y el indígena que estuvo más cercano a la presidencia cuando integró la Junta de Salvación Nacional junto a un militar y un juez.

- ¿Cuáles son los logros del último levantamiento indígena?
- Para el Movimiento Indígena todos los levantamientos, desde 1990, han servido para demostrar al Ecuador y al mundo que hay un pueblo que ha vivido rezagado, marginado, que ha decidido luchar por sus derechos y construir un país distinto. Creemos que se ha cumplió el objetivo de bajar los tres poderes. Pero sobre todo poner en el centro del debate el desprestigio que tienen ante la sociedad esos poderes. Muchos dijeron que eso era un sueño, un suicidio una locura de los dirigentes y demostramos que no. A pesar del *apartheid* a que se vieron sometidos nuestros hermanos cuando todos los que tenían poncho eran bajados de los buses por los militares, igual caminado llegaron. Y lo importante es que se dio una gran unidad en las distintas acciones que llevamos adelante

- ¿No fue una derrota entonces?
- De ninguna manera, porque no solo sirvió para fortalecer al movimiento indígena sino profundizar en la unidad de los ecuatorianos que quieren cambios. También sirvió como motivación para que la gente se vaya dando cuenta que esta lucha no es solo de los indios sino de todos. Desde julio la Conaie se transformó en el eje de la unidad de los sectores sociales con el mundo indígena. Tal vez un error es no haber podido socializar mucho más nuestro plan político, pero también es verdad que la prensa nos golpeó duro.

- ¿En ningún momento se sintieron utilizados durante el levantamiento?
- Nosotros lo que hacemos es fruto de nuestras reflexiones, no nos dejamos utilizar nunca. A veces surgen discrepancias con algunos sectores que quieren caminar muy de apuro, y ese apuro termina en algunas marchitas y enfrentamientos con la policía sin que se mueva nada porque el gobierno ya les tiene cojida la caña.

- ¿De que forma los golpeó los medios de comunicación?
- Buscando que haya peleas entre nosotros dando espacio a ciertos dirigentes que no representan a nadie para marcar diferencias y abrir heridas. También se prestaron para difundir un documento claramen-

te falsificado en el que aparecía una supuesta firma de Salvador Quishpe, que decía "mate a los mestizos" y después para desmentirlo nunca dan el mismo espacio. También criticaron el hecho de que algunos compañeros pintaran algunas personas, lo que no está bien, pero no dijeron nada cuando a eso mismos compañeros se les bajaba de los buses, o cuando en julio eran recibidos con bombas lacrimógenas.

- **¿Cuál es la importancia de la alianza con los oficiales de las Fuerzas Armadas?**
- Este hecho es muy importante porque de aquí nace un nuevo militar que ve que es posible un cambio. Son una esperanza que no hay en los generales porque están más metidos en la corrupción y defienden sus intereses. Hay una semilla y algún día se dará un cambio en todas las Fuerzas Armadas. Al igual que los oficiales y la gente de tropa, fue importante el apoyo de los padres y las monjitas aunque la cúpula de la Iglesia no estuviera con nosotros.

- **¿No fue un error lanzarse a tomar el Palacio de Gobierno y dejar el Congreso al descubierto?**
- Hubo mucha presión por parte de la gente que quería ir a tomar la presidencia porque era otro símbolo importante de la corrupción junto al Congreso y la Suprema Corte de Justicia. Tal vez fue un error y si nos hubiéramos quedado en el Congreso el desenlace hubiera sido diferente, pero eso hay que analizarlo y en todo caso los hechos ya están dados. Cuando llegamos a Carondelet los generales tenían preparada una proclama y un telegrama donde anunciaban que asumían todos los poderes. Nosotros no lo aceptamos y ahí se dieron las conversaciones. Tal vez fue un error aceptar que Mendoza participara en la Junta, pero si no se hacia iba a correr mucha sangre. Mientras tanto, algunos diputados muertos de miedo preparaban su Congreso en Guayaquil.

- **¿Qué significa para el pueblo indígena haber estado tan cerca del poder?**
- Nuestra lucha no es por el poder en sí. Hay muchas cosas más importantes que el poder en si, como que la sociedad vaya cambiando por dentro y vaya construyendo días más coloridos, mas vivos, y además vaya entendiendo que aquí hay un problema de fondo y hay que hacer un cambio. Claro que cuando se va caminando hacia los cambios es ne-

cesario que desde el gobierno también se cambie. Una lección que debe quedar es que realizamos un levantamiento que estuvo cerca del poder, pero si hubiéramos estado empecinados en el poder, había enfrentamientos con muertos. Como no lo estuvimos decidimos dar la oportunidad a otro camino. Lo importante es que hemos provocado una remezón en la clase política. Quedó claro que aquí hay un pueblo rebelde que sin violencia hará los cambios.

- ¿Esa remezón provocará cambios en políticos tan racistas?
- Yo pienso que habrá cambios en la sensibilidad, por lo menos de algunos, porque tendrán que darse cuenta que tienen en contra a las mayorías y ya las cosas no las pueden hacer solo a su manera sin buscar otras alternativas. Igual tendremos que seguir luchando para llegar a nuestro objetivo.

- ¿Qué esperan del gobierno de Gustavo Noboa?
- Este gobierno si tiene voluntad de hacer cambios puede hacerlos sin ningún problema. Si no caerá en lo mismo que Mahuad y estará construyendo su propia tumba. Si piensa que nosotros queremos unos contratitos para algunas comunidades está errado y no entendió nada de lo que pasó, porque lo nuestro es mucho más profundo, no pedimos limosnas. Muchas veces las autoridades son eso por ilustradas, pero en la práctica son ignorantes porque no entienden la situación del pueblo, entonces fracasan.

- ¿Cómo será la relación de la Conaie con los legisladores indígenas?
- Hay que ver como se procesan los hechos pero yo creo que la experiencia de ellos también es muy válida pero no es la salvación. Las cosas a largo plazo y en ese sentido hay que buscar también salidas distintas, experiencias como los parlamentos provinciales que se constituyan en una especie de control de la autoridades. Nuestros legisladores deberían estar mucho más vinculados al movimiento y a la sociedad en general, pero muchas veces son absorbidos por el sistema.

- ¿Cómo ve el futuro?
- La esperanza en el futuro es luchar y no desanimar. El cambio algún rato se va a dar. Cambio que llegará sin violencia, pacíficamente,

orientando a las comunidades. Esto que ha pasado ha sido un ensayo para nosotros, hizo sentir en el corazón de la gente que se puede, que no hay que mantenerse callados porque es una forma de estar al servicio de lo políticos de siempre. La lucha con violencia no lleva a mucho, movilizar grandes masas con organización es el mejor camino para buscar los cambios.

Claro que si éstos no llegan se puede desembocar en la violencia, pero siempre hay que manejarse con prudencia para que eso no ocurra. Hay que moverse con paciencia para no ir a eso. Pero hay que saber que en el futuro puede darse una gran explosión social, inclusive una guerra civil. La gente puede salir a saquear si no tiene para comer.

## LUIS MACAS
*"Ushay", el poder, es un concepto colectivo*

Luis Macas pertenece al pueblo saraguro, uno de los que integran la nacionalidad kichwa. Fue fundador y presidente de la Conaie y diputado nacional del Movimiento de Unidad Plurinacional Pachakutik Nuevo País. Actualmente es director del Instituto Científico de Culturas Indígenas. Participó activamente en la organización y las acciones del levantamiento de 1990, que marcó la irrupción de los indios en la vida política moderna, y en muchas movilizaciones dirigidas por la Conaie. Naturalmente estuvo junto a sus hermanos en la insurrección de enero del 2000.

- **¿Qué significado tiene el último levantamiento indígena?**
- Significa que la historia latinoamericana desde sus primeros habitantes esta presente. Que la invasión occidental no ha logrado perfeccionar su cometido liquidando a los pueblos indígenas. Es obvio que la resistencia india a través de varios mecanismos de lucha está vigente. El levantamiento del movimiento indígena y los movimientos populares es la demostración fiel de que existe una crisis, y que a través de la democracia y el sistemas político vigentes no se ha resuelto el problema de la justicia y de la equidad, de la ética y de la moral. Es decir que este levantamiento es el grito al mundo de que la situación en el Ecuador y en otros países de América Latina no están resueltas, continúan pendientes. También es una convocatoria a todos los pueblos para que hagamos una minga de acciones y propuestas desde los sectores que real-

mente sufrimos la crisis del modelo neoliberal, para encontrar salidas juntos.

- ¿Cual es el futuro del movimiento indígena ecuatoriano luego de la insurrección?
- Desde el espacio político que ha logrado el movimiento indígena a través de sus luchas históricas, el papel fundamental fue, es y será ayudar a resolver los problemas que aquejan al pueblo ecuatoriano. Es decir que nuestras luchas se han transformado en peleas por cambios fundamentales, como por ejemplo, lo que reivindicamos en este levantamiento: refundar el país rompiendo las viejas estructuras del Estado y del sistema político, que se han agotado.

- ¿Cuando participó en la construcción de la Conaie, ésta apuntaba hacia el poder o eso se fue construyendo en el andar?
- Al mismo tiempo que nos organizamos para construir la unidad de nuestros pueblos, conseguir los derechos fundamentales de nuestras comunidades para mejorar las condiciones de vida, tanto a nivel individual como a nivel colectivo, no hemos perdido de vista que el Estado donde vivimos no responde a las exigencias de la mayoría de la población. Por eso desde el movimiento indígena y los movimientos sociales hablamos de la construcción de un Estado distinto, un Estado Plurinacional. Eso significa reconocernos a nosotros mismos y reconocer lo diverso que somos, un factor importante para lograr la armonía entre los ecuatorianos.

- ¿Qué es el poder para los indígenas?
- El poder, "Ushay", para el mundo indígena es el perfeccionamiento de las condiciones de vida, es un concepto en el sentido colectivo. Es la capacidad de desarrollarnos colectivamente con el aporte de los distintos espacios, como en el caso de la minga, en donde el chico, la mujer y los ancianos cumplen un papel. Cada papel es importante en la sociedad.

- ¿Que diferencia o similitud hay entre el levantamiento de 1990 y el último?
- El levantamiento de 1990 fue un hecho histórico que demostró al país y al mundo que los pueblos indígenas no habíamos desaparecido.

Y, sobre todo, mostramos que estábamos en condiciones de ser un actor fundamental de la sociedad, realizando aportes y propuestas desde nuestra mirada. Hicimos ver que los caras, los panzaleos, los puruhaes, los caniaris, estamos presentes en este país con nuestra sabiduría ancestral, con nuestra música, con nuestros coloridos diversos.

Que no estamos escondidos en los museos como elemento de estudio arqueológico o antropológico, solamente para rememorar la historia que los patrioteros acostumbran contar en sus discursos.

El levantamiento de los primeros días del 2000, demuestra que hemos podido caminar sobre las adversidades llevando propuestas en nuestras manos para convocar a todos hacia los cambios que necesita el Ecuador.

En el trecho del 90 al 2000, hubo una reflexión profunda, no solo internamente sobre los pueblos indígenas, sino sobre la realidad global de nuestra sociedad, y esto nos ha obligado a tomar decisiones y enfrentar los problemas.

- ¿Qué significado simbólico tiene la democracia para los pueblos indígenas?
- Desde la lógica de los pueblos indígenas si bien no existe el termino de democracia, existe algo más profundo que es la reciprocidad y la solidaridad, que son los principios fundamentales para la armonía y la convivencia de una sociedad.

Es por eso que entendemos la democracia radicada en la justicia, en la equidad y en la armonía.

La búsqueda de los consensos nos llevan a los acuerdos, pero sobre todo al diálogo, a la reflexión para lograr los consensos, que son los que conducen y orientan los procesos en nuestros pueblos y en nuestras comunidades.

Por eso es que la democracia manejada desde la lógica de quienes ostentan el poder no es entendida por los pueblos indígenas. Cómo entender que en la distribución de la riqueza, un 20 por ciento de la población se beneficie y un 80 por ciento se debata en la miseria.

Eso nunca sería bien visto en una comunidad y no se puede aceptar que pase en el país. Por eso desde nuestras condiciones de pobreza alzamos la voz y nos rebelamos contra los que se han apoderado de la riqueza de nuestros pueblos.

- ¿La alianza con sectores progresistas de las fuerzas armadas es una prioridad o debe ser tomada como parte general de las alianzas del movimiento?

- Las alianzas con los sectores progresistas de la sociedad y de las fuerzas armadas constituyen una necesidad en la lucha de los pueblos indígenas, pero esta alianza debe estar entendida en la identificación de los problemas estructurales, en su resolución y en la construcción de un Estado distinto. Creo que esa es la lucha de los soldados que en esta vez se identificaron con los pueblos indígenas.

- ¿Cuando se anuncia sanciones y se quiere juzgar a quienes participaron en el levantamiento se está yendo hacia una polarización de la sociedad ecuatoriana?

- Claro, desde la visión de "la justicia" necesariamente se debe poner un escarmiento, una corrección a los culpables de esta revuelta. Desde nuestro entender es una gran ocasión para entender la dimensión del problema que vive nuestro país, pues los que se han levantado para instaurar la justicia son los culpables y van a ser enjuiciados por el poder. Este hecho cohesionará al pueblo, y sobre todo se constituirá en un elemento de concientización de nuestros pueblos. El poder terminará quedándose con su "justicia", y nosotros nos uniremos cada vez más para acabar con la injusticia.

- ¿Cómo queda la participación electoral del Movimiento Indígena luego de la insurrección?

- La participación electoral del movimiento es un frente más de lucha, no es el objetivo final. Por eso saldremos como siempre con nuestras propuestas de cambio a competir con los partidos políticos, que no son otra cosa que empresas electorales que ofrecen dinero. Nosotros ofrecemos nuestra lucha y nuestra mirada.

- ¿Qué puede esperar el movimiento indígena del gobierno que substituyó al de Jamil Mahuad?

- Si el gobierno de Mahuad representó a un sector de la banca y de algunas empresas de la sierra, el gobierno de Noboa tal como esta constituido su gabinete representa también a los mismos sectores, pero con énfasis en la Costa ecuatoriana. Es decir, que es el continuismo del gobierno anterior, por cuanto en las políticas no representa cambio alguno y seguirá con el mismo proyecto trazado por Mahuad, como es la dolarización, la privatización, y no se erradicará la corrupción. Esto nos hace pensar que para los pueblos indígenas y el pueblo ecuatoriano en general no hay tal cambio.

## NINA PACARI
*Una indígena vicepresidenta del Congreso*

### UNO

Desde 1996, los indígenas del Ecuador participan en las elecciones a través del Movimiento Plurinacional Pachakutik – Nuevo País, un movimiento que los aglutina junto a Organizaciones no Gubernamentales, ecologistas, grupos de mujeres y distintas organizaciones sociales. Los candidatos de cada municipio se nombran luego de largas asambleas en las que intervienen las comunidades de la localidad. El mismo sistema se utiliza en las provincias y a nivel nacional.

En las elecciones de 1998 la lista a la diputación nacional fue encabezada por Nina Pacari, quien se eligió con una votación muy representativa. Pacari pertenece a la nacionalidad kichwa, nació en 1961 en Cotacachi, provincia de Imbabura, es abogada, fue dirigente de tierras y territorios de la Confederación de Nacionalidades Indígenas del Ecuador (CONAIE). En 1997 fue nombrada presidenta del Consejo Nacional de Planificación de los Pueblos Indígenas y Negros (CONPLADEIN), que fuera creado con el objetivo de definir políticas de Estado para los pueblos indígenas y negros, así como planificar y ejecutar proyectos para su desarrollo, y más tarde se transformó en el Consejo de Nacionalidades y Pueblos del Ecuador (CODENPE). En noviembre de 1997 salió electa para integrar la Asamblea Nacional Constituyente. Instalado el nuevo Congreso, en agosto de 1998, fue elegida vicepresidenta del mismo, cargo que nunca había ocupado una indígena. "Para el Movimiento Indígena, este hecho es histórico porque hasta el momento ni un solo compañero y menos una mujer indígena ocupó alguna dignidad del Parlamento -comenta Pacari-. Pero el hecho de haber logrado la segunda vicepresidencia movió un poco el piso al interior del país porque no estamos acostumbrados a ver una indígena en la dirección de un poder tan importante como la Legislatura. En el marco internacional también causó impacto. El Ecuador debe irse acostumbrando a ver indígenas y mujeres en espacios de decisión sin perder su identidad ni el compromiso con los sectores a los que representan".

## DOS

A la hora de hacer un balance de la actuación de los alcaldes indígenas que fueron elegidos en la elección municipal de 1998, la diputada destaca una gestión que fue dada como ejemplo por los distintos sectores del país: la de Guamote, provincia de Chimborazo. *"Allí el 98 por ciento de la población es indígena lo que de cierta forma hace que todos apunten a un proyecto común, pero obviamente sin excluir a la minoría mestiza –comenta. Allí se organizaron comisiones de desarrollo cantonal con participación ciudadana. Por otro lado se instrumentaron asambleas donde los representantes de las comunidades analizan el presupuesto municipal, priorizando los requerimientos y realizando un control y seguimiento de las inversiones. Con esa gestión participativa no solo se democratizó el Municipio sino que han logrado optimizar los pocos recursos que llegan a la Alcaldía desde el gobierno central. La cogestión permite hacer muchas más cosas que las estipuladas en el presupuesto".*

En Cotacachi, un sector donde la población indígena no es tan mayoritaria como en Guamote, la actuación del alcalde indígena contribuyó para que se vayan eliminando las fronteras con el mundo blanco mestizo. *"El alcalde está llevando adelante su gestión para todos los habitantes con un nivel muy alto de participación de los empresarios, los artesanos, las mujeres no indígenas conjuntamente con nuestras comunidades –dice Pacari. La gestión ha servido para aumentar la integración con los no indígenas y el respeto de éstos hacia nuestros hermanos. Las asambleas que planifican el desarrollo cantonal están integradas en forma plural y la gran participación de todos los sectores ayudó a detectar las mayores necesidades y cómo atacarlas. Estas dos modelos de participación y cogestión en poderes locales le pueden servir al país en general. Es parte del aporte indígena a la sociedad ecuatoriana".*

## TRES

El Parlamento es una instancia muy complicada en la que se mueven muchos intereses. Sin embargo los indígenas apuestan a que sus propuestas se puedan desarrollar en ese ámbito. *"El escenario legislativo es diferente al de los poderes autónomos locales pero no deja de ser importante para el desarrollo de la propuesta indígena –comenta Pacari.*

*Queremos ser propositivos no solo en los temas sociales sino en los temas económicos donde hemos presentado nuestras alternativas".*

En el período anterior, los diputados indígenas fueron ejemplo de ese espíritu propositivo al presentar varios proyectos de Ley de interés par las zonas rurales como el de la creación de la Corporación Financiera del Campo (CORFINCA), pero lamentablemente no fueron tratados. *"No hay garantía de que no ocurra los mismo, tenemos que intentar acuerdos que nos permitan llevar a cabo nuestras propuestas, pero sobre todo debemos lograr que la opinión pública las conozca. Nosotros tenemos el cometido de expresar la voz indígena y de los sectores populares en el escenario parlamentario, incluso siendo minoría".*

Consultada sobre si los dirigentes indígenas no corren el riesgo de burocratizarse en el Parlamento, ella dice que hay que hacer todo para que eso no ocurra y enfatiza: *"Si bien el legislador no puede estar en la organización indígena, no puede perder su vinculación y coordinación con ella. Por un lado están las visitas constantes a las comunidades y por otro la creación de mecanismos de articulación. Mi equipo asesor se integra en tres áreas fundamentales: una que tiene que ver en lo organizativo social, otra que tiene que ver con los político estructural y otro que tiene que ver eminentemente con lo técnico. En lo político organizacional se articula las propuestas de las organizaciones con la defensa de estas propuestas en el Parlamento. Un equipo está a tiempo completo trabajando esas propuestas a través de talleres y reuniones para luego proponerlas en el Congreso. Lo mismo ocurre con la temática de la mujer. Nosotros como diputados nos insertamos en un proceso y recogemos las propuestas que vienen de los movimientos sociales. El equipo político estructural está ligado a Pachakutik que es el movimiento político orientador y al que respondemos. El equipo técnico es el sustento para actuar al interior del Congreso. Esto sumado a las visitas constantes y la permanente comunicación con información enviada desde aquí hace que no sé de una desarticulación".*

Nina Pacari resta importancia a ciertas divisiones de carácter regional entre serranos y amazónicos, o de visión política que se dan a veces en el Movimiento Indígena. Sobre ese tema señala que si bien hay una unidad fortalecida en la Conaie, *"los pueblos indígenas no son uniformes. Somos once nacionalidades con visiones distintas, procesos y estrategias diferentes, porque eso depende hasta del medio geográfico. Por ejemplo, no se puede pedir que en la Amazonía se instrumenten las mismas formas de reivindicativas que en la Sierra. En todo caso, con respeto de las particu-*

laridades se van llegando a consensos. Tenemos que tener presente que el hecho de tener criterios diversos al interior del movimiento no es sinónimo de división sino de pluralidad".

## CUATRO

En los últimos ocho años las nacionalidades indígenas del Ecuador han obtenido grandes logros: por un lado, ya están solucionados el 80 por ciento de los conflictos de tierras, por otro se logró poner en el debate nacional el tema de la plurinacionalidad, el de la educación intercultural bilingüe, el de la pluralidad cultural y jurídica del país. "*La nueva Constitución reconoció los derechos colectivos de los pueblos, y el carácter pluriétnico y multicultural del país —dice la dirigenta indígena. En el caso de la medicina indígena se reconoció el derecho a la práctica de esta como tal. En una de las disposiciones se señala que contará con apoyo estatal en cuanto a recursos para impulsar su desarrollo. Hasta que fueron reconocidas las reformas constitucionales, nuestros yachas o shamanes eran perseguidos e iban a la cárcel, ahora ya no. De hecho hay que establecer normas porque deben ser controlados los abusos cometidos por parte de gente no indígena que dice manejar nuestra medicina".*

Paralelamente a las reformas constitucionales se dio la aprobación del Convenio 169 de la OIT que reconoce los derechos de los pueblos indígenas. "*Su aprobación por parte del Congreso en el período anterior fue un logro importantísimo para el Movimiento Indígena porque nos dio bases jurídicas. Ahora queda claro que los jueces que tratan infracciones cometidas por indígenas, tienen la obligación de acudir a normas, costumbres y cultura indígena para que sirva de atenuante a la hora de sentenciar. Además se reconoce que los nuestros pueblos pueden, a través de sus autoridades, ejercer atribuciones jurisdiccionales, resolver conflictos, administrar la justicia en base a nuestra tradición. Así se está reconociendo el ejercicio simultáneo del derecho indígena. En este caso es necesario armonizar las leyes y establecer niveles de competencia para que no se interpongan o contradigan las leyes indígenas a las nacionales. El reconocimiento al sistema jurídico indígena es un aporte fundamental para el buen desarrollo de la propia cotidianeidad en las comunidades y la resolución de muchos conflictos internos. También se reconoce el uso oficial de los idiomas para los pueblos indígenas y en ese sentido el Estado se compromete a respetarlo. Si el indígena debe hacer un trámite en una oficina pública y no sabe el castellano es obligatorio que lo atiendan en su idioma".*

Según la diputada, las normas jurídicas indígenas responden a los tres principios básicos de no mentir, no robar, no matar, y es una justicia colectiva. El proceso siempre se inicia en el consejo de la familia, luego en un consejo comunitario, después pasa al cabildo, y es toda la comunidad la que decide la sanción tras el juicio. La diputada asegura que el castigo o la sanción impuesta por los indígenas ecuatorianos siempre tiene que ver con una limpieza corporal, espiritual.

La vicepresidenta del Congreso ecuatoriano se muestra confiada hacia el futuro. Destaca como un paso importante que la nueva Constitución diga: Los pueblos indígenas que se autodefinen como nacionalidades son parte constitutiva del Estado ecuatoriano. De esa forma se aceptan las nacionalidades. "Un estado que involucre esa participación se irá transformando en plurinacional y eso tiene que ser evidente a nivel institucional y estructural. Con un Parlamento, por ejemplo, que permita la representación de los distintos pueblos. Ahora hay indígenas, fundamentalmente kichwas, pero no significa una representación pluriétnica. Algunas personas pensaban que plurinacionalidad era separatismo. Está claro que nada tiene que ver con eso, lo nuestro es unidad en la diversidad. Pero son períodos, frente a la uniformidad de los años 80, hoy hemos pasado a la plurietnicidad, la pluriculturalidad. Tal vez que de aquí a unos años Ecuador pueda asumirse como plurinacional. Ojalá que la experiencia en los poderes locales y en el Congreso aporte hacia la construcción de un Estado Plurinacional, cuya estructura y administración evidencie la pluralidad del país, involucrando a los pueblos indígenas y negros".

## MIGUEL LLUCO
### En minga por la vida

El movimiento indígena ecuatoriano, considerado el mejor organizado de América, ya no es sólo un actor social, sino que está representado en el parlamento nacional, en consejos provinciales y en gobiernos municipales.

Miguel Lluco Tixe es uno de los fundadores de la Confederación de Nacionalidades Indígenas del Ecuador y participó activamente en el levantamiento de 1990, cuando el movimiento empezó a avanzar hacia el área política. En 1995 intervino en la creación del Movimiento de Unidad Plurinacional Pachakutik Nuevo País, que lo llevó un año después al parlamento, donde permaneció hasta 1998.

También participó de la ocupación de la Catedral de Quito, preámbulo de la movilización popular de febrero de 1997, que provocó el desplazamiento de Abdalá Bucaram del gobierno. El I Congreso Nacional de Pachakutik, en agosto último, lo confirmó por unanimidad en la presidencia del Comité Ejecutivo Nacional de esa organización.

- **El elemento étnico y la reivindicación de Ecuador como país plurinacional fueron, en principio, los factores de unión de las distintas etnias indígenas. Pero ustedes han llevado su actividad más allá de los límites del mundo indígena.**

- La realidad plural del país se manifiesta cuando el indígena surge como actor importante en la vida sociopolítica. Se asume que 'el otro' existe y que tiene sus diferencias y sus derechos. Fue entonces que la Conaie decidió buscar alianzas con otras organizaciones sociales y sindicatos independientes para crear en 1995 el Movimiento Pachakutik.

La importancia de Pachakutik está en que nació como una representación de los movimientos sociales, sin la tutela de ningún partido político. Ese factor sirvió para unir a los pueblos indios y no indios del país alrededor de un proyecto político alternativo.

La esencia de Pachakutik es la unidad en la diversidad. Dentro de él están los trabajadores de la ciudad, los campesinos no indígenas, los ecologistas, los sectores afroecutorianos, los indígenas.

- **¿Ha sido positiva para el movimiento indígena su participación en elecciones?**

- La participación de las organizaciones sociales del campo y la ciudad en la gestión política nos permitió ubicar los límites de esa actividad, (evidenciados) por la conducta de los políticos tradicionales.

Y nos ha demostrado que para llevar adelante nuestras reivindicaciones y aspiraciones más sentidas es fundamental la participación vigilante de los sectores sociales organizados y el apoyo constante a sus representantes.

- Pero a veces, la participación popular no se logra, por desinterés de la propia gente.

- Nuestra tarea es demostrarles (a los sectores populares) que su labor no termina cuando emiten el voto. Que la democracia no es eso solamente, y que ese modo (pasivo) de actuación es sumisión. La participación nos obliga a crear, a producir política. A ser sujetos del cambio. Debemos tener en cuenta que, como habitantes de este país, tenemos obligaciones y derechos, y uno de esos derechos consiste en exigir a quienes nos representan que mantengan su dignidad. Y si éstos no mantienen su dignidad, la población debe movilizarse para revocarles el mandato, como ocurrió en el caso de Abdalá Bucaram o Jamil Mahuad,

- Pero la gente se puede cansar...

- ¿... de que la llamen a participar cada tanto? Eso es verdad, pero por eso es que tiene que estar siempre atenta. Los ecuatorianos deben tener en cuenta que el ejercicio de la ciudadanía no es esperar a ser llamado, sino actuar cuando se crea necesario. No hay que dejar que la corrupción y las políticas contra los sectores más desposeídos de la población pasen fácilmente como esperan quienes manejan el poder.

- ¿Actuar para cambiar un gobierno denunciado y desgastado, como el de Bucaram, para ser defraudados por el nuevo presidente, Fabián Alarcón? ¿No tiene derecho la gente a sentirse utilizada?

- Sí, tiene ese derecho. Pero, pese a todo, febrero (de 1997) marcó un hecho fundamental en la historia de nuestro país, porque la población demostró que no estaba dormida, que eran millones, sin distinción de clase o partido, los ecuatorianos y las ecuatorianas preocupados por la suerte del país. Había una aspiración de cambio en el pueblo. Sin embargo, mirando en perspectiva vemos que sólo se cambió de personas, pues las estructuras siguieron siendo las mismas. Ahí está el error. Pero la responsabilidad no fue del pueblo, sino de sus dirigentes.

- Usted participó en la toma de la Catedral (de Quito) y en la solución acordada por el Congreso para destituir a Bucaram, y después luchó contra la corrupción del gobierno de Alarcón.

- Asumo la responsabilidad que me toca. En aquel momento también creí como tantos que la salida que se dio era la única posible. Tal vez si hubiéramos buscado otra (solución), por fuera de los partidos políticos tradicionales, la realidad habría sido otra y yo no habría tenido que denunciar hechos de corrupción.

El valor que tuvo el pueblo para levantarse y el mandato que otorgó fueron burlados por los políticos tradicionales.

- ¿Y con Mahuad? ¿Llegar tan cerca para que se de un cambio que no era el esperado por el movimiento popular?

- Personalmente, cuando entraron en escena los mandos militares tuve muchas dudas si tendrían la libertad para pronunciarse a favor del pueblo, unos generales que en muchos casos pasan alejados del Ecuador profundo. Y bueno al final mostraron su mañosería. Es muy distinto el papel de un gran número de oficiales y gente de tropa, que siempre están más cercanos al pueblo indígena y por lo tanto conocen mejor sus necesidades y saben del sufrimiento de nuestra gente. Son esos lo que tuvieron el valor de sumarse a la protesta indígena y popular, sin temor a las retaliaciones que podían venir, como efectivamente están ocurriendo.

- ¿No hay frustración ante el desenlace del levantamiento?

- Yo no diría frustración porque demostramos un poder de movilización que ya se querrían tener otros. El movimiento indígena demostró que tiene una gran fuerza, porque puede movilizar a decenas de miles de personas y paralizar el país. Además, se vio la cohesión de sus instancias de dirección. Estas dos cosas le dan un poder que no tienen otros movimientos indígenas del continente. Salimos pacíficamente a cambiar la corrupción enquistada en el poder y se nos unieron sectores militares y policiales, de la iglesia, comerciantes minoristas, estudiantes, ciudadanos comunes. Nunca logramos un acuerdo social tan amplio y tan democrático. Por eso estuvimos más de una semana masivamente en las calles y carreteras, y logramos desenmascarar la hipocresía del poder. Además a través de los Parlamentos Populares en las provincias y el Parlamento de los Pueblos del Ecuador se elaboraron propuestas alternativas concretas que si bien los grandes medios no las recogen, no quiere decir que no estén ahí. Ahora, es claro que sí hay tristeza, cómo puede no haberla si el que pierde no es el movimiento indígena, el que pierde es el país, aunque esos mismo medios y los políticos de siempre quieran hacer ver lo contrario.

- ¿No hubo ingenuidad en confiar en los mandos militares?

- Tal vez, pero también es verdad que los hechos fueron muy vertiginosos y creo que si los coroneles no aceptaban el pedido de los mandos de que participe Mendoza en la Junta, podría haber corrido mucha sangre, y nuestra protesta era y es pacífica.

Nuestra protesta está basada en la no violencia activa. No hubiéramos soportado muertes sobre nuestras espaldas. En todo caso también sirvió para desenmascarar esa mañosa cúpula militar que tiene el país, y para que quede más claro que de un lado está el pueblo y los que luchan contra la corrupción y del otro los corruptos. Ese carácter pacífico del levantamiento también es una gran demostración que los medios ecuatorianos no resaltaron.

- ¿Usted considera que el levantamiento fue un atentado al sistema democrático?

- Hay que ver lo que fue el gobierno del doctor Mahuad y el grado de rechazo al que llegó para ver que eso es mentira.

Hay que ver el infame proceso de empobrecimiento al cual nos llevó, que se evidencia en la masiva emigración de compatriotas (no son pocos los muertos por ello), en el indignante número de mendigos, en el alarmante crecimiento de la delincuencia. Toda esta realidad obedece al capricho del doctor Mahuad de gobernar y amparar a un grupo de banqueros corruptos que se llevaron casi dos reservas monetarias internacionales sin responder con sus bienes ante el saqueo.

Eso llevó a que se congelen los depósitos de miles de ecuatorianos, que miles de ecuatorianos pierdan sus ahorros de toda la vida y que todos paguemos la incapacidad y la pillería a través de una inflación galopante. Pillería que quiso culminar con un proceso de dolarización y privatización que acabe de una vez con el patrimonio y soberanía ecuatoriana. Todo este proceso no se podía dar sin la complicidad del Congreso ni de la Corte Suprema de Justicia.

El banquero Aspiazu dio tres millones de dólares para la campaña electoral del binomio Mahuad – Noboa. ¿Cuánto dinero más de los corruptos recibió ese binomio para ganar las elecciones? ¿Podremos saberlo? ¿Se terminará con esta gracia electoral de que ganan los que tienen dinero? ¿Cómo confiar en una Justicia en cuya cabeza está el principal acusado del festín del petróleo de los años setenta?

- Pero ciertos políticos y algunos medios los acusan de golpistas...

- Está demostrado que la corrupción está enraizada en todo el poder actual. Ante eso los movimientos sociales e indígenas y una oficialidad consciente no podíamos quedarnos callados e indolentes. Por eso establecimos una Junta de Salvación Nacional, que podría haber acabado de tajo con la corrupción de los poderosos y establecer un modelo de desarrollo que acabe con la indignante pobreza. Pero lamentablemente fue traicionada por una mañosa cúpula militar que traicionó a la honestidad, no a los sectores populares que simplemente canalizamos el descontento. Pero es bueno aclarar que antes que nosotros hubo otros que intentaron quebrantar el orden constitucional. Hubo un intento de autogolpe de Mahuad, según confesión del general Mendoza; hubo un congelamiento inconstitucional de los depósitos de los ecuatorianos, y finalmente hubo un golpe de la cúpula militar ratificado por el Congreso Nacional. Son muchos los golpistas pero los medios prefieren no mostrarlos. No fuimos intransigentes, frente al régimen de Mahuad agotamos todos los mecanismos y espacios de negociación, pero nunca fuimos escuchados y no quisimos repetir el error del 5 de febrero de 1997 cuando tras la salida de Bucaram entregamos al Congreso Nacional nuestra lucha y la cura fue peor a la enfermedad, al colocar de presidente a Alarcón, también acusado de corrupción.

- ¿Qué pasará con los diputados del Movimiento Pachakutik en el Congreso Nacional que habían puesto a disposición del pueblo sus cargos?

- Por el momento deben continuar porque es un espacio legítimamente ganado. Nadie lo regaló ni se obtuvo con dinero de banqueros. Los diputados son un espacio de vocería pública y pese a que están en minoría numérica, por lo menos pueden dar el debate. Además que si los gobernantes mantienen el mismo programa económico de dolarización que limita la soberanía nacional y profundiza la pobreza, necesitamos mantener la lucha en todos los espacios posibles.

- ¿Cuál es la posición de Pachakutik ante el nuevo presidente?

- El nuevo gobierno entró por la puerta de atrás. Lo lógico hubiera sido que el Congreso ratifique a Mahuad si no quería ratificar el golpe de estado de la cúpula militar y sumarse al golpe. Tenemos reparos a que pueda encaminar al país. No obstante, y como siempre, estamos abiertos al diálogo, pero no a un diálogo de tontos en el que ellos dialogan después que ya tomaron todas las decisiones. Es necesario establecer un debate real con toda la sociedad para evitar las componendas y eso solo se puede lograr con una Consulta Popular. Que el pueblo decida.

- **Durante el levantamiento de julio de 1999, los indígenas cuestionaron a ciertos diputados de Pachakutik que buscaban dialogar con el gobierno sin que hubiera decisión del movimiento en ese sentido.**
- Y estuvo bien, porque los diputados deben escuchar el mandato del pueblo indígena y deben saber que se les puede remover. Lo importante de Pachakutik es que sus legisladores están obligados a rendir cuentas a las organizaciones que representan, y si no tienen que irse. Eso fue entendido por los diputados, quienes asumieron sus errores y saben que son sólo un apoyo de los movimientos, son sus representantes en el Congreso, pero nunca pueden sustituir la representación directa que tienen las organizaciones que dirigen un levantamiento y por lo tanto son ellas que deciden si conversan o no con un gobierno.

- **¿Cuando usted fue diputado, presentó varios proyectos de ley, cuyo tratamiento se demoró. ¿Qué conclusiones extrae de esa experiencia legislativa?**
- Con el transcurso del tiempo fuimos aprendiendo que algunos legisladores bloquean proyectos ajenos y esperan que se les ofrezca algo para ponerlos en marcha. Ofrecer algo no es necesariamente dinero, sino el intercambio de favores: yo te apoyo hoy, pero tú me apoyas mañana. Nosotros no estamos de acuerdo con esa actitud, que está como institucionalizada en todos los poderes del Estado. Para cambiar esa realidad estamos luchando desde adentro, pero la solución no se logrará de un día para otro.

En todo caso, debemos decir que no todos los legisladores manejan esas prácticas institucionalizadas y por eso, es posible a pesar de todo lograr resultados.

- **¿Puede señalar ejemplos?**
- La aprobación del Convenio 169 de la OIT sobre los derechos de los pueblos indígenas por diputados de todos los sectores nos demuestra que muchas veces podemos ponernos de acuerdo en temas que, co-

mo éste, son de vital importancia para amplios sectores del país. Esta ratificación nos demuestra que todos los sectores políticos representados en el Congreso estamos de acuerdo con la plurinacionalidad, que es un tema muy sentido para los indígenas. Y es claro que también hay muchos asuntos en los que nos podemos poner de acuerdo para sacar adelante al país.

Otro hecho importante es demostrar que el Congreso puede realizar una tarea fiscalizadora responsable, sin interés de figuración personal o partidista. Demostramos que es posible la lucha contra la corrupción sin que tome un tinte político, como cuando denunciamos la utilización (irregular) de gastos reservados por parte del ex ministro de Gobierno César Verduga.

- Si Pachakutik llegara al gobierno, ¿el movimiento indígena mantendría su independencia?

- En realidad, Pachakutik apuesta mucho más a los poderes locales, donde ha demostrado que se pueden hacer muchas cosas y obtener grandes logros para los sectores pobres de la población, aunque no escapamos a la posibilidad de ser gobierno. Desde el momento en que nos presentamos en las elecciones sabemos que hay posibilidades de ser gobierno, pero para llegar a eso hay que vencer los obstáculos de una democracia que solo da posibilidades a los ricos que pueden invertir en propaganda electoral y manejan los hilos de la comunicación y el poder. Estos hilos son esquivos para el movimiento indígena y los movimientos sociales, a no ser a nivel local en ciertas regiones. En cuanto a la independencia, Pachakutik fue creado por los movimientos sociales y a ellos se debe.

- Dentro de Pachakutik parece existir un interés de ciertos sectores indígenas de plantear sólo sus temas. ¿Usted qué piensa?

- Existen dos corrientes en el movimiento. Por un lado, una corriente surgida de la intelectualidad indígena, que todo los ve desde una lógica indigenista.

Por otra parte, un sector que intenta consolidar un proyecto conjunto de todos los ecuatorianos, que no aísle al movimiento indígena, y es el que yo suscribo.

También se podría habla de una tercera actitud, no la llamaría corriente, y es la de aquellos que se alinean de acuerdo con sus intereses coyunturales, a veces electorales, a veces por ciertos beneficios que pueden obtener si se aprueba una propuesta concreta. Es una actitud que está muy vinculada a prácticas burocráticas de la vieja izquierda y que tiene espacio también en ciertos indígenas, pero creo que no tiene ninguna trascendencia ni poder dentro de Pachakutik.

En todo caso, en el I Congreso de Pachakutik realizado en agosto de 1999 se impuso algo que ya estaba asumido por las comunidades y organizaciones: la lógica de un proyecto que no excluya a nadie, un proyecto amplio que se reflejó en último levantamiento y la insurrección popular.

- ¿Cuál es la esencia del movimiento indígena actual?
- Sigue estando en nuestros valores ancestrales, como el modelo comunitario y solidario que se practica hace cientos de años. Cuando una familia de la comunidad está en situación difícil, todos se unen para ayudarla.

Además, está la "minga", como se denomina el trabajo conjunto para construir una carretera o una casa o para cosechar. Por eso decimos que nuestro movimiento está en "minga por la vida".

- **El movimiento indígena ecuatoriano tiene como reivindicación fundamental la declaración de Ecuador como estado plurinacional. Eso ha sido interpretado por algunos sectores como la división geográfica en varios estados.**
- Estado plurinacional es uno solo, con pluralidad jurídica en los territorios donde están asentados las nacionalidades indígenas y su derecho a decidir política, económica, cultural y socialmente. No se fractura el territorio nacional, pero se otorga a nuestros pueblos otros niveles de decisión y autonomía, como establece el Convenio 169.

## KINTTO LUCAS
### El desprecio hacia el otro es humillante

Con motivo de la presentación de la primera edición de La rebelión de los indios, la revista Semana del diario Expreso realizó una entrevista al autor, en la que éste analizó el significado de la obra y de los hechos que se produjeron el 21 de enero.

- ¿Luego de los hechos ocurridos el 21 de enero, la obra trata de plasmar los acontecimientos como tales, o dejar un precedente para que los hechos no se vuelvan a dar?
- El libro intenta plasmar los acontecimientos que se vinieron procesando durante el último año. Las acciones gubernamentales, la realidad política, económica y social, el comportamiento de los distintos actores que fueron protagonistas fundamentales el 21 de enero. El desarrollo de esos acontecimientos con los testimonios, el análisis y una mirada que ubica el protagonismo del movimiento indígena. *La rebelión de los indios* acerca una visión de los hechos en la que confluyen distintos actores e intenta dar a conocer lo que está detrás y cuáles pueden ser las perspectivas de futuro. La idea no es dejar ningún precedente, sino mostrar que el escenario de la insurrección se fue forjando durante más de un año. No surgió en forma espontánea, para llegar a él se dio un proceso que, integrado por factores políticos, sociales y económicos, no terminó el 21 de enero y no se sabe cuándo terminará.

- **¿La rebelión de las poblaciones indígenas que representan el 20 por ciento del total de habitantes del país, puede desestabilizar constantemente la democracia, si sus exigencias no son atendidas?**
- La democracia ecuatoriana está desestabilizada desde hace mucho tiempo, y no es por culpa del movimiento indígena si no por las condiciones en que vive la mayoría de la población, por la presencia de gobiernos sin capacidad, por la actitud de los sectores económica y políticamente dominantes, que constantemente imponen sus ideas sin debatir con el resto de la sociedad. El grave problema es que a los sectores que manejan los hilos del poder en este país no les importa la democracia sino solo sus intereses. Entonces ocurre que se intenta imponer un sistema, como la dolarización por ejemplo, que será fatal para la gran mayoría del país, sin debatir con nadie aunque la mayoría de la población esté en contra. La democracia debe ser el diálogo, el intercambio de ideas, no la imposición primero y el diálogo después como se da en ese y muchos casos. Esas actitudes permanentes de imposición son las que empujaron al movimiento indígena a la protesta constante y a la insurrección del 21 de enero. Ojalá que este movimiento, tan digno, no caiga en las mismas actitudes que los sectores dominantes, porque sería el principio de su fin

- ¿Se puede hablar de acontecimiento histórico al levantamiento indígena, cuando toman por asalto el Congreso y humillan a varios ciudadanos de la capital?
- Sin duda que es uno de los hechos históricos más importantes de este fin y comienzo de siglo en América Latina. Un acontecimiento que no solo marca al Ecuador sino al resto de la región. Este levantamiento ha permitido visibilizar la marginación que durante 500 años han vivido los indios de este país. Pero lo más importante es que los muestra como actores fundamentales de la realidad ecuatoriana porque dejaron de consumir política para pasar a crearla. Yo no estoy de acuerdo con el hecho de que pintaran a algunos ciudadanos en las afueras del Congreso, me parece que es bastante reprochable. Pero me parece cómico que se ponga énfasis en eso y ni se mencione la diaria humillación de que son objeto los indígenas. O la poca sensibilidad, falta de profesionalismo y prepotencia de ciertos periodistas que al tratar de entrevistar a algunos indios que a duras penas logran hablar el español, les gritaban: "estos no saben ni hablar, hay que hablar con los dirigentes". Ese desprecio hacia el otro es humillante. También hay que entender que para los indígenas esos ciudadanos de traje representaban el poder que están combatiendo. No lo justifico, pero me parece mucho más bochornoso, como me decía un periodista brasileño, que en la sección del parlamento que ratificó a Gustavo Noboa como presidente, ciertos diputados hablaran defendiendo la democracia efusivamente y cuando se sentaban dieran risotadas burlándose de sus propias palabras y demostrando que en realidad no creen en ninguna democracia.

- ¿Es conveniente orientar a los indios del país, para que acontecimientos como éste, no obliguen a autoridades civiles y militares a romper el orden Constitucional, cada vez que un gobernante no adopta las medidas necesarias?
- Es importante y conveniente establecer un diálogo, pero no ese diálogo de tontos en el que cada uno impone sus cosas sin acordar nada. Tampoco es válido el hecho de sentarse a conversar en situaciones que un sector determinado controla los hilos del diálogo. Lo que se requiere es reorientar el sentido de la política en el país. Crear espacios verdaderos de intercambio de ideas, donde se pueda aceptar la presen-

cia del otro sin preconceptos. Y sobre todo es necesario apostar a que se desarrolle una política con sentido social y humano.

**- ¿Cree que si el actual Gobierno no cumple las expectativas de los indígenas específicamente, puede correr la misma suerte del derrocado presidente Mahuad?**
- Hay que tener en cuenta que si bien fueron los indígenas los que desencadenaron la posterior salida de Mahuad, no fueron el único factor para su caída. Hubo mucha gente trabajando en las sombras. Aquí se dieron varios golpes de estado pero solo uno fue el que triunfó, aunque a quienes manejan el poder solo les guste hablar de indígenas y coroneles como golpistas. Un golpe fue el que, según denuncias de Mendoza, intentó dar Mahuad; otro es el que, según otras denuncias, intentaba dar el alto mando militar; otro el que finalmente dio el alto mando a favor del vicepresidente Gustavo Noboa sin que Mahuad hubiese renunciado y fue convalidado por la mayoría del Congreso. En definitiva, como dice Vargas Llosa, ese fue el único golpe porque fue el que triunfó. No siempre se dan estas características en un mismo momento histórico como ocurrió en enero. Hay que ver cual es el desprendimiento del gobierno y, aunque si bien hay un quiebre en el sistema político, no necesariamente se tiene que dar la salida estrepitosa del nuevo presidente como ocurrió con Mahuad. Lo que puede polarizar al país es, como se está observando en el tratamiento de las leyes que llevan a la dolarización, la incapacidad de las elites de comprender los hechos del 21 y su intento por imponer su propuesta de cualquier forma, sin diálogo.

**- ¿Qué hizo desistir a la Junta de Salvación Nacional, cuando el objetivo de los indígenas con la toma de la capital era instaurar un "gobierno popular"?**
- No creo que ese fuera el objetivo final del movimiento indígena. Su objetivo fundamental es conseguir mejores condiciones de vida para los indios y para la población en general. Creo que los acontecimientos fueron tan vertiginosos que los precipitó en la salida del triunvirato. Tampoco creo que la Junta hubiera durado una semana porque todos los sectores que manejan el poder y la embajada norteamericana, estaban en contra de un posible gobierno popular. Ellos querían una

salida como la que finalmente se dio. Cuando sacaron a Bucaram, por ejemplo, fue distinto porque la propuesta del movimiento indígena y los sectores sociales terminó coincidiendo con la de los sectores dominantes. Entonces nadie habló de golpistas y muchos patrones, como me consta, obligaron a sus empleados a salir a protestar a la calle. El factor que hizo desistir a la Junta fue que los mandos militares dieron un golpe de estado en favor del vicepresidente. En cuanto a la toma de Quito en sí, hay que tener en cuenta que se trata de un hecho simbólico histórico de los indígenas, que representa el acoso al poder.

- ¿Cuál fue el factor predominante del derrocamiento de Mahuad? ¿La fortaleza indígena como tal, o la falta de decisión e incapacidad de un gobernante que permitió que los hechos se dieran como sucedieron?

- Creo que se juntan varios factores. Uno es el movimiento indígena con capacidad de movilización y de propuesta; otro es el descontento popular generalizado con un gobierno que no supo atender mínimamente los reclamos de distintos sectores y se entregó a la dictadura del poder financiero. También hubo una mano escondida tras las sombras, una mano de las elites que estaban y están desesperadas porque se implante la dolarización y consideraban que Mahuad era muy débil como para imponerla, por lo tanto era mejor cambiarlo por el vicepresidente. Este fue el sector que finalmente salió venciendo por lo tanto no creo que ahora le interese desestabilizar como lo ha venido haciendo constantemente en los últimos años.

- ¿Se podría considerar al Ecuador un país ingobernable cuando desde el 10 de agosto de 1996 hemos tenido 5 presidentes?

- La ingobernabilidad del Ecuador está dada por la situación de injusticia del país, ejemplificada en el hecho de que la mayoría de la población viva en situación de pobreza y extrema pobreza. Pero además, este será un país ingobernable mientras las elites no logren un proyecto de desarrollo nacional conjunto o entreguen la posta a otros sectores con proyecto. El grave problema de las elites ecuatorianas es que ni siquiera logran ponerse de acuerdo entre ellas para repartirse el pastel. En otros países, a la hora del reparto durante las privatizaciones, un grupo se llevó una parte otro se llevó otra, y así. Acá, producto de la angurria y de la falta de proyecto conjunto, todos quieren dar la mordida mayor. Si no se ponen de acuerdo entre ellos, cómo van a ceder en favor de los que más necesitan. Como consecuencia de esta realidad, el poder político está muy fragmentado.

- **En la llamada Junta de Salvación Nacional, Vargas representaba a los indígenas que fueron los que iniciaron la rebelión, Mendoza a los militares que apoyaron a Mahuad y a los que no lo hicieron, ¿Y Solórzano a quien representaba?**
- Carlos Solórzano, quien fuera declarado por varios medios de comunicación que ahora lo desconocen, personaje ecuatoriano del año 1995, no sé porque fue elegido. Creo que se debe a lo vertiginoso de los hechos y al apuro de nombrar a alguien que perteneciera a la Costa. Pero yo también me pregunto a quién representa. De igual manera me pregunto a quién representa Francisco Huerta, que también fue mencionado como un posible triunviro costeño por los indígenas. También me interrogaría sobre la representatividad de cualquiera de los que hubiera estado ahí. Como me interrogo a quién representan los ministros, superintendente de bancos, directores del Banco Central. ¿A quien representan aquellos que congelan y recongelan los depósitos bancarios? ¿Qué representatividad tienen quienes imponen algo como la dolarización que, como ya lo verán, beneficia a unos poquitos? ¿Qué intereses están detrás de las actitudes? La representatividad es algo bastante contradictorio y siempre dependerá del cristal con que se mire.

# ENTRE SIMBOLOS

Siempre que uno entra en los laberintos de la memoria tiene la posibilidad de recorrer hechos y miradas que marcaron la vida de otras épocas, y de todas.
Las imágenes surgen entre fogonazos de luz, y de neblina, son fuego en el silencio del recuerdo, rebeldes entre el día y la noche, símbolos de lo que vendrá.

## Rumiñahui

1535. Francisco Pizarro, el conquistador, llegó al territorio incaico con su sed de oro. Atahualpa, el Inca, para salvar su vida ofreció llenar un cuarto con piezas del metal amarillo sin combatir a los invasores. Rumiñahui, el guerrillero, se indignó con la actitud de su hermano y decidió pelear. Antes dijo: "Los extraños que han llegado no son ningunos Viracochas, son simples mortales y ladrones. Nos vienen a ofender. Se viene la sombra de la esclavitud. Si no luchamos hemos de hundirnos en el duelo y la miseria". Pero su insistencia de combatir a los extranjeros en Cajamarca fue en vano, entonces decidió marcharse hacia Quito donde se nombró Scyri y organizó la lucha. Hace dos años cuando el aventurero Pedro de Alvarado, conquistador de Guatemala, quiso llegar a Quito, tuvo que soportar las guerrillas de los rebeldes. Atraído por las riquezas del Cuzco, llegó Alvarado a la costa de Manabí con siete embarcaciones, muchos caballos, soldados, cientos de indígenas guatemaltecos sometidos y algunos esclavos negros.

La marcha desde los pantanos tropicales hacia las nevadas montañas, fue una derrota. En el camino se perdieron, abandonados por los guías; los indígenas de Guatemala y los esclavos negros -desconocidos del frío-, murieron congelados; y al fin, Rumiñahui los echó a correr. Y caminó una voz por los caminos: "nadie vence al señor de Quito". Benalcazar que había fundado Guayaquil fue el encargado de marchar con su ejército en busca del líder indígena. Antes envía un mensajero con una cruz y la oferta de amistad. Los rebeldes devolverán su cadáver. En Cajamarca habían visto un símbolo de madera igual, en las manos de un tenebroso fraile que secundaba a Pizarro. Después Rumiñahui se prepara para recibir a Benalcazar. Reúne a su gente y le dice "Es preferible morir que aceptar la esclavitud de estos hombres que robarán tesoros, mujeres y tierras". Al hablar, un volcán parece salirle desde adentro, arde su voz, sonríe su corazón y vibran sus guerreros.

Benalcazar consigue una alianza con los cañaris para combatir a los rebeldes... el jefe indígena se adelanta y le sale al encuentro en las llanuras de Tiocajas. El lugar, favorable para el andar de los caballos españoles, no impide que los rebeldes anulen el poder del enemigo. Cada vez que matan un caballo le cortan la cabeza para mostrar que no son inmortales. La batalla va desde el mediodía hasta que la noche oscura obliga a suspenderla... y continúa al día siguiente con la salida del sol.

Las llanuras de Tiocajas estaban llenas de trampas para que los europeos y sus potros quedaran ensartados... un traidor avisó Benalcazar el lugar y mostró un camino seguro para retirarse a Riobamba. Rumiñahui no desanimó y decidió atacar la ciudad... En la hora del ataque el volcán Tungurahua entró en erupción. Muchos indígenas, aterrados, creyendo que se trataba de un mal augurio, huyeron bajo la lluvia ardiente. Los españoles no se cansaron de matar gente que corría indefensa. Rumiñahui se retiró con sus soldados más fieles hacia Ambato. Luego se fue a Quito, envió a lugar seguro a los más débiles y escondió los tesoros de Atahualpa... Al acercarse los invasores obstruyó los canales que abastecían de agua la ciudad y les prendió fuego antes de retirarse... La cordillera fue su último refugio. Hasta allí marchó Benalcazar a buscarlo. Tras la resistencia logró prenderlo. Y vino la tortura... *"¿Dónde están los tesoros de Atahualpa?"*, preguntan los invasores. *"En un rincón de la montaña"*, responde el jefe indígena y los envía a un lugar donde nada hay... Así será durante algunos días... Las pistas falsas sirven para reposar un poco, antes del nuevo tormento... Los españoles se cansan de la burla. Al ver que no obtienen la palabra su ira se desenfrena y Benalcazar determina la justicia: muerte en la hoguera...

El fuego no muere la memoria... la aviva, la hace caminar por el viento de los años... la renace en las rebeliones que vendrán.

**Jumandi**

1578. La selva que durante miles de años protegió a los indios Quijos ha sido violada por los hombres de la espada y la cruz. Los sagrados árboles del monte comienzan a caer y los pájaros no cantan su voz alegre... El culto de los indígenas quiere ser substituido por la religión de un Dios distante y otro hablar... Pero los Quijos mantienen sus ritos escondidos en la floresta y sus sacerdotes siguen siendo sabios profetas de lo que vendrá, porque todo los ven conversando con los Supay.

Jumandi el gran cacique no acepta someterse a los conquistadores que quieren usurpar su mundo. Solo piensa en destruirlos... Antes consulta a los supremos sacerdotes Guami y Beto. Ellos hablan con los dioses y el gran volcán Sumaco es testigo del hablar. Días después todos los caciques se reúnen para escucharlos. Guami dice haber bajado a las entrañas del Sumaco para ver a Sabela, la diosa del infierno: *"cinco días viví con ella y me ordenó que termináramos con los europeos porque ellos cortaron nuestra libertad".* Beto dice haber hablado con el gran Supay selva adentro: *"me dijo que el Dios de los cristianos está con mucha ira de los españoles y quiere que los ataquemos".* Luego de escucharlos, entre dosis de yuco bravo preparan la conspiración. La furia de los espíritus se contagia y las lanzas guerreras se levantan. Jumandi secundado por Guami, dirige la arremetida contra la población española de Avila que cae en pocas horas. Beto comanda el ataque sobre el poblado de Archidona, que -prevenido- logra resistir por más tiempo, aunque igualmente es abatido. Tras la victoria Jumandi es nombrado por el pueblo Quijo como Jatun-Apu, encargado de conducirlo hacia la libertad. Las próximas ciudades a ser atacadas son Baeza primero y Quito después.

Jumandi habla antes con su gente: *"La expulsión del invasor debe ser total. Nuestro sufrimiento es el mismo que el de nuestros hermanos de las montañas. La libertad de los Quijos comienza en la libertad de todos. Y que los Supay nos guíen".* Los chasquis llevan el mensaje a los indígenas de las tierras altas para que se sumen al levantamiento... Eso no ocurre, y una gran expedición militar sale de Quito para defender Baeza del ataque de los Quijos... Al frente del ejército español están los traidores Francisco Atahualpa y Jerónimo Puento junto a cientos de indígenas admiradores de sus dueños... El ataque a Baeza es sofocado y el alzamiento derrotado. Jumandi, Guami y Beto son llevados a Quito para recibir la justicia española: primero los pasean por las calles atados a un carro, los torturan con fierros candentes y finalmente los ahorcan.

Sus cuerpos descuartizados son exhibidos en la plaza principal y sus cráneos permanecen allí por muchos años, *"para que bien los miren"* según dicen... Pero el último grito del cacique rebelde retumbó iluminando distintos rincones de la geografía,

y nuevas rebeliones surgieron: en 1760 San Miguel de Molleambro; 1764 Riobamba; 1768 Cualaceo; 1777 Cotacachi; 1778 Guano, Otavalo y Cayambe; 1781 Alausí... Hoy la Amazonía ecuatoriana está dividida entre las grandes empresas petroleras, madereras, agrícolas o mineras. Se han contaminado ríos, exterminado especies animales y vegetales, y varios grupos indígenas están a punto de extinguirse... Pero son los Huaoranis quienes corren más riesgo, por eso están en guerra... defendiendo la selva que hace latir sus corazones... y los hace respirar. En junio de 1990, de la Amazonía al Cotopaxi, del Cotopaxi al mar, los indígenas del Ecuador volvieron a sonreír cuando todas las nacionalidades unidas realizaron su mayor levantamiento en años... Ocuparon carreteras, entraron en latifundios, detuvieron soldados, no sacaron productos al mercado, tomaron oficinas públicas, realizaron movilizaciones y concentraciones. El ejército salió a la calle, hubo algunos enfrentamientos, penetró en las comunidades, golpeó y baleó defendiendo a "los de mucha tierra". Cuatro indígenas muertos, varios heridos y decenas de presos... Luego de tres días el gobierno aceptó dialogar... Y en mayo de 1992 los rebeldes volvieron a caminar desde la Amazonía... de Pastaza a pie se llegaron a la capital... Tal vez el espíritu de Jumandi había decidido salir de las entrañas del Sumaco para marchar la vida junto a sus hijos...

**Fernando Daquilema**

**1872.** Se despidió de su mujer con el rostro sereno y la mirada tranquila. Miró hacia las montañas y luego salió al camino. Es integrante de la familia de los Shiris Puruhuaes. Hijo de las cimas heladas, amigo del hablar poco, compañero del silencio de las montañas... Hacia él se había dirigido la gente de Cacha el 18 de diciembre del año anterior cuando lo nombró jefe de la sublevación. Aunque en principio creyó muy prematura esa investidura, su valentía y el mandato de la comunidad lo llevó a ponerse al frente del pueblo.

Había visto de niño como maltrataban a su padre en la hacienda Tungurahuilla, donde el dueño daba latigazos a los empleados. Conocía el sufrimiento de su pueblo: humillado por el diezmo y obligado por el gobierno a trabajar dos días sin remuneración...

De no cumplir el castigo era la prisión. Aquella tarde cuando llegó el diezmero lo bajaron de la mula a golpes, lo ataron a un poste y lo atormentaron, luego fue arrastrado por la mula humedeciendo el suelo con su sangre. Era el odio de siglos desenfrenado en aquel instante. *"Un escarmiento para los blancos",* decían. El por entonces presidente del Ecuador, doctor García Moreno, amigo del orden y el patíbulo defendió airadamente la represión total. *"No vacilaré en pasar por las armas a los sempiternos enemigos del orden. Mandaré pasar por las armas a todos los que favorezcan de cualquier modo a los enemigos y los ejecutaré religiosamente".* Así dijo y así fue...

Las bocinas llamaron a los indios de los diversos rincones para que se sumaran al alzamiento. Las fogatas se multiplicaron para comunicarse con todos los ayllus del Chimborazo. Por todos los caminos fueron llegando los indígenas y pronto fueron dos mil. La luna, roja de ponchos, miraba el acontecer. La brisa caminaba rápida refrescando la montaña. En la plazuela de la Virgen del Rosario en Cacha, Fernando Daquilema fue proclamado rey.

El pueblo tomó el manto escarlata y la corona de metal amarillo de la imagen de San José y se la otorgó al nuevo jefe. Uno de los indios, Juan Manzano, se acercó y entregó un látigo con madera de chonta, donde se advertían los anillos de Rumiñahui, vara de la justicia. El nuevo rey de Cacha nombró a José Morocho gran jefe del ejército rebelde y le encargó formar una caballería de por lo menos 300 nombres, luego envió embajadores a las distintas comunidades para comunicar su nominación, exigiendo obediencia y pidiendo que se sumaran al alzamiento colectivo.

Una choza ubicada en la cima -amoblada con un sillón y una mesa expropiados de la iglesia-, desde donde se miraban todos los rincones, fue la casa del gobierno provisorio. La noche fue agitada preparando la lucha. El martes 19 los rebeldes atacaron la parroquia de Yaruquí, los soldados que habían llegado desde Riobamba repelieron el ataque. Daquilema mandó la retirada para reacomodarse y luego volver. Después de la victoria atacaron Sicalpa, donde el primero en ser atravesado por una lanza fue el jefe del ejército gubernamental. Sicalpa fue tomada... Después caerá Punín y se destacará en la lucha la guerrera Manuela León.

De a poco comenzaron a llegar contingentes gubernamentales de Riobamba y Ambato... Cuando los indios caminaban venciendo vino la superstición y el miedo. Los blancos, que rogaban insistentemente a los santos, lograrán hacer creer a los alzados que llegarían escuadrones desde el cielo, comandados por San Sebastián. Los indios se asustan, muchos guerreros están muriendo y piensan que ya no vencerán. Hasta el día de la navidad el gobierno de García Moreno es jaqueado... el 27 los indígenas se rinden.

Después vendrán las condenas. El 8 de enero, ante más de 200 indios, obligados a mirar la ceremonia preparada, Manuela León y Juan Manzano serán fusilados. Después, Daquilema camina hacia la prisión de Riobamba, marcha hacia un juicio espectacular, va hacia la condena de muerte por ser *"principal cabecilla en el motín que tuvo lugar en la parroquia de Yaruquíes...",* y sigue hacia el 8 de abril... hacia un madero donde ser atado para que truenen los fusiles.

Los ojos de los indios verán nubes oscuras caminar el Chimborazo. Les llorará el alma de la vida ante la sombra que cae... pero no desanimarán. Desde aquel caminar de Daquilema hacia el otro mundo, los levantamientos se repetirán buscando un país plurinacional...

**Tránsito Amaguaña**

1998. El volcán Cayambe abre su vida a la magia, abre sus entrañas... que son blancas, llenas de canas como la historia, caliente y fría como la vida. La soledad también es parte de la vida, pero aquí no es tan sola, y el frío es parte de la llama que algún día fue. Aquí está ella como la soledad, como el propio fuego, frente a sus recuerdos, que es como la memoria de su gente. Aquí está la abuela Tránsito Amaguaña frente al Cayambe y frente a otras mujeres que vienen a entregarle un reconocimiento otorgado por el gobierno a pedido del Congreso ecuatoriano.

El proyecto fue presentado por el diputado indígena Miguel Lluco y consiste en una pensión vitalicia en reconocimiento a su trabajo en favor de la organización del movimiento indígena. Al recibir los primeros cheques frente a varias dirigentas indígenas, Tránsito Amaguaña señaló que era la primera vez que le reconocían algo, pero el mayor premio era ver el avance en la lucha de los indígenas. En el acto, la diputada Nina Pacari resaltó el significado que Tránsito tuvo en la creación de las primeras organizaciones indígenas y el ejemplo de su vida. Por su parte, Lupe Ruiz, dirigente de Chimborazo y ex-diputada, señaló su emoción por ver cumplida una aspiración de justicia con Amaguaña.

Tránsito Amaguaña. Nació en Pesillo, al norte de Quito, en 1909. De niña conoció el duro trabajo de sus padres en la hacienda del patrón. A los 14 años, la obligaron a casarse con un hombre mucho mayor, pero el matrimonio duró poco porque el marido no quería unirse a la lucha de los indígenas. Ahora, gracias a las gestiones de los diputados indígenas recibe este mínimo reconocimiento. Un poco tarde, a los 89 años, aunque en realidad son como minutos en la inmortalidad, en la pelea por darle colores al amanecer.

Hace varios tiempos, en los años de mucha pela, de conquistar los horizontes con mucho hacer, de hacer... supo del dolor del huasipungo y quiso terminar con él. Supo de la necesidad de tierra para plantar y quiso conquistarla, supo que había que juntarse y surgieron los primeros sindicatos agrarios del Ecuador. Participó en la creación de los primeros sindicatos agrícolas del país, en la primera huelga de trabajadores agrícolas en Olmedo y en la fundación de la Federación Ecuatoriana de Indios en 1944, junto a Nela Martínez y Dolores Cacuango. Inició las escuelas campesinas, en las que por primera vez se enseñaba a los indígenas en kichwa.

Con Tránsito Amaguaña los indígenas comenzaron a recuperar la vida. En el 31, en Olmedo nació la huelga. Y un aire distinto comenzó a caminar la sierra, y ya la navidad no fue tan triste, se desataron alambres y eliminaron cercas, para que todo el año fuera navidad.

Pero la autoridad-autora-autoritaria, actuó con lo que sabía, como lo que era, y los sables habitaron la zona, y el Cayambe rugió mudo. Chozas y cosechas se destruyeron, y la vida fue entre rejas. Y la navidad anduvo como el tiempo del mundo, como camina el mundo, como el mundo, ¿cómo?

Hasta que un día una partecita de los huasipungos fueron devueltos a sus dueños... Y a pesar de ser muy poco, los de mucho tener no lo aceptaron, querían todo para ellos, querían ser dueños de la navidad... Y la pelea siguió, y la cárcel llegó nuevamente: en 1963, luego de un viaje por la Unión Soviética, fue detenida y llevada al Penal García Moreno, acusada de tráfico de armas soviéticas.

Al final el tiempo se hizo presente, recorrió la cara y la historia de Tránsito, quien está junto al Cayambe, sola, en una pequeña chacra de su tierra, produciendo su propia cosecha, trabajando como antes, como siempre, nunca olvidada, siempre presente en el pensar de sus hermanos. Un símbolo vivo del movimiento indígena ecuatoriano.

**Dolores Cacuango**

**2000.** La Imagen en la pared de la Conaie marca una presencia de siglos, no se puede obviar. Nadie puede dejar de mirar cuando pasa por ahí. Hay un imán secreto que llama la mirada, que a esta altura es como la memoria de todas las luchas, de todos los dolores y las dolores, de éste y otros siglos.

Cuando sus hijos ingresaron a la escuela en Cayambe, vio de cerca el maltrato que sufrían los niños indios de sus compañeros mestizos y de los profesores. Y vio además las dificultades de aprender en el idioma del otro, el español, del cual conocían muy poco. Y vio entonces que era necesario intentar el cambio.

No esperó que los gobiernos llegaran con sus migas. Por su propio entender y sin espera, en 1945 fundó cuatro escuelas bilingües (kichwa-español) en la zona de Cayambe. Se trataba de que todos y cada uno de los indios aprendiera la magia y el arte de leer en su idioma y el del otro, para que nadie se quedara sin saberes. Luego de tiempos de caminar por un Ministerio de Educación para el cual los indios no existían, prefirió construir los sueños a pura minga de su comunidad. Y la primera escuela nació en Yana Huaicu.

Y la solidaridad no se hizo esperar, Luisa Gómez de la Torre, profesora del Colegio Mejía de Quito, compañera de camino, apoyó su idea y aportó con sus decires a la educación y con dinero, para que los profesores pudieran recibir veinte sucres mensuales, su único cobro, olvidados por el Ministerio. Tres escuelas iban hasta tercer grado y una hasta sexto y todos los profesores pertenecían a la comunidad. Las familias de los niños aportaban el alimento necesario para maestros y alumnos. Aunque seguían los programas oficiales, también introducían elementos de la cultura indígena, y conocimientos prácticos relacionados con el trabajo de la tierra. A través de los años fueron sembrando una semilla en la mirada de cientos de indígenas que de a poco empezaron a construir un movimiento.

Pero antes de las escuelas estuvo la organización de sus hermanos, y en 1944 junto a Jesús Gualavisí, un dirigente de la comunidad de Juan Montalvo, fundó la Federación Ecuatoriana de Indios (FEI), una de las primeras organizaciones nacionales indígenas del Ecuador. Eran tiempos de rescatar las luchas ancestrales de sus pueblos y empezar a caminar hacia un modelo distinto de país, en el que ser de poncho no traiga dolor.

Pero antes fue tiempo de peleas, de unirse para reclamar el abuso de los patrones de mucha tierra. De fundar sindicatos agrícolas en Pesillo, su comunidad natal, y luego en comunidades cercanas. De leer el Código del trabajo para que las autoridades no pudieran engañarla, de decirle a un tal Ministro de Gobierno: *"Vos ministro mientes, porque cambias las palabras del Código"*.

Durante 18 años las escuelas bilingües enseñaron a los indígenas de Cayambe, pero la presión para cerrarlas se hizo cada día mayor: los terratenientes no aceptaban la educación de los indios, ciertos profesores y ministros no estaban de acuerdo con la educación bilingüe, y el gobierno veía supuestos focos comunistas. Así, en 1963 una Junta Militar les puso fin y prohibió utilizar el kichwa en la instrucción de los niños.

Ella, "Mama Dulu" para muchos, Dolores Cacuango para todos, se marchó un día de 1971. Pero ahora está ahí, es como si la propia pachamama saliera de sus ojos, mira, y cuando mira ve que su último decir se va cumpliendo: *"Si muero, muero, pero otros han de venir para seguir, para continuar".*

# BETWEEN FIRES

Jul 13, 1999. The government of Ecuador is surrounded by protests that are paralysing the country in a convulsive social climate reminiscent of the days prior to the fall of president Abdala Bucaram in February 1997.

On Sunday, 6,000 indigenous people took over the city of Latacunga, capital of Cotopaxi province, 70 km south of Quito. They blockaded the bridge to the city to protest the gas price increases decreed last week, and demand that the government shelve its law to privatise state enterprises.

Hours later, 100 government soldiers arrived at the scene and tried to disperse the protesters with tear gas, but they succeeded only in infuriating the crowd.

The military opened fire against the protesters, injuring 12 people. Several of them were reportedly shot in the back. A bullet hit Segundo Bedon in the spine and he now risks death or paralysation.

The shooting resulted in further street protests by the city's inhabitants, who were joined by people from the neighbouring indigenous communities.

The soldiers fled in trucks, and though residents had identified them as belonging to a regional contingent, authorities reported that they were not from the area, but said they did not know where the soldiers had come from.

Leaders from the Confederation of Indigenous Nations of Ecuador (CONAIE) told Inter Press Service that they will take legal action against the government for its assassination attempt and will strengthen their protests.

Miguel Lluco, national co-ordinator of the indigenous political party the Pachakutik Movement, announced that his organisation will bring charges before defence minister and retired general, Jose Gallardo, for the military attack on indigenous people.

*"They used military repression against a peaceful demonstration and they fired their weapons at our brothers' backs, which has been proven by doctors. This must be explained by the minister of defence,"* Lluco told.

He also said that the group will not accept excuses or *"the lies they know how to invent in situations like this. We want justice,"* Lluco declared.

Some 15,000 indigenous people have occupied Latacunga, and all towns in the province have been blocked to prevent products from going to city markets.

In Tungurahua province, bordering Cotopaxi, the situation is similar. Since Friday, 8,000 indigenous people have occupied the radio and television stations, interrupting all broadcasts.

The governor of the province arrived by helicopter, accompanied by leaders of the communications media and by armed military personnel. The military were surrounded by local people, who told them that if they tried anything it would start a confontation.

After negotiating with the governor, the indigenous leaders stated that they would continue occupying the television and radio stations until the government meets their demands, but they agreed to allow regular broadcasts to resume.

But when they heard about the shootings in Latacunga, they once again cut off the radio and television signals.

On Monday afternoon, approximately one thousand indigenous and rural women from the northern province of Imbabura began a 200 km march toward the capital. They expect women from other provinces to join them, meeting in the city.

Antonio Vargas, CONAIE president, told Inter Press Service that *"the indigenous people are coming in peaceful marches, so we expect that there won't be military repression and that they won't be arrested - because they will be ready to respond."*

Vargas disseminated an International Monetary Fund (IMF) document last week in which the world financial organisation recommends that the government raise gas prices by 105 percent.

Seeing that the government was left with few options, president Jamil Mahuad announced a freeze on gas prices at its current level which are to stay in effect until December 31.

Mahuad explained that the price per barrel of petroleum had risen to more than 15 dollars - Ecuador is a petroleum exporter - and that this would permit gas prices to remain at their current levels without increasing the fiscal deficit.

Lluco wondered if the authorities had not realised that the price per barrel was already at 15 dollars last week.

"This government has once again shown its negligence. Why did it wait until now to announce the price freeze? Did they want to reach this level of conflict?" Lluco added.

Representatives from several social organisations told Inter Press Service that the measure announced by Mahuad is not enough. They demand that gas prices be frozen at their level prior to the last price increase.

Some sectors are asking for the president's resignation, but Lluco does not think that would resolve the current crisis. If Mahuad abandons his post he would be replaced by the vice- president or the president of Congress, said Lluco, and that would be worse.

*"The solution lies in rectification. The government needs to change its economic policies, replace the minister of finance, concern itself with the reality of the country's poor, and stop giving money to corrupt bankers,"* stated Lluco. *"If not, the country will burn and then no one will be able to fix it."*

National protests against the government began Monday, July 5, with a taxi strike, and continued the next day with uprisings in indigenous towns. Later, members of a rural co-operative launched a protest, as did teachers, petroleum industry workers, health workers, and street vendors.

Another 60,000 transportation and banana plantation workers joined the strike on Tuesday, blockading the highways in the southeastern province of El Oro, which has the country's highest production.

All provincial capitals in the country are paralysed, without buses or taxis, and they are already beginning to run out of food supplies and gas.

Since July 5, the country has been under a state of emergency, with freedoms of association suspended, and the Armed Forces have been mobilised. According to the National Directorate of Police Operations, 320 people have been detained since protests began.

In a poll conducted by the firm Cedatos this week in Quito and Guayaquil, 76 percent of those consulted agreed with the taxi strike and the indigenous uprising.

Even so, Vladimir Alvarez, interior minister, declared that the current situation cannot be compared to the days preceding the removal of president Bucaram, who Congress declared mentally incompetent to lead the government after a wave of protests had been launched against his economic policies.

**Jul 16, 1999.** The transportation workers strike, which paralysed Ecuador for 12 days, ended Friday, but more than 20,000 indigenous people will remain in the capital until their demands are met.

The indigenous protesters, who arrived in Quito in a peaceful march Thursday and Friday, were subjected to severe repression at the hands of the army, which has blockaded city streets and has surrounded the Government Palace where president Jamil Mahuad is conducting the government's negotiations.

Hundreds of indigenous marchers were wounded in confrontations and the Red Cross is searching for a dozen children who have been missing since then.

Meanwhile, Parliament granted amnesty to more than 500 people who were arrested since protests began July 5 and the indigenous protesters began removing their blockades from rural roads, but the government announced that it will maintain the state of emergency.

The first indigenous marchers to arrive in Quito were met in the city's southern outskirts by residents in a show of support, but shortly after, military troops arrived in trucks and helicopters dispersing teargas against the crowd and firing their guns into the air.

The army was able to postpone the marchers' entrance into Quito, but the protesters ultimately found their way in by taking rural roads as all the principal roads were blocked by the armed forces.

Ricardo Ulcuango, an indigenous leader, was indignant with the government's attitude. "Where is Mahuad's sensitivity?" he demanded.

Under the pressure of protests that had paralysed the country for nearly two weeks, Mahuad promised Wednesday to freeze gasoline prices at their levels prior to the last price increase, and to create an Indigenous Nations Development Fund.

For Ulcuango, Mahuad's words had opened the door for dialogue, but the military actions against the people appears now to have shut that door.

*"The president is used to lying to us. Which is why we won't believe his announcements until they take effect,"* said Ulcuango. *"He has not lifted the state of emergency which is a fundamental measure for any dialogue to begin,"* he added.

The national protest against the government began July 5 with a taxi strike and continued the next day with uprisings in indigenous towns.

The strikers were joined by members of a rural pension fund, teachers, petroleum industry and health workers, street vendors, and small-scale banana producers.

The protesters demanded the repeal of gasoline price increases decreed by the government on July 1 and that the law for the privatisation of state-owned enterprises be shelved.

Since July 5, the nation has been under a state of emergency, suspending the freedom of association and mobilising the armed forces. To date, there have been two deaths and at least 500 arrests.

Friday, Ecuador's one-house parliament approved amnesty for 547 prisoners, which had been requested by parliamentarian Gilberto Talahua of the indigenous Pachakutik Movement. But the release of the prisoners is expected to take time.

*"The state of emergency continues. There are social leaders imprisoned and the army violently repressed our brothers who came from all over in a peaceful march. We must have amnesty,"* Talahua told.

Ulcuango assured that the indigenous movement will continue its uprising and the rural population that marched to Quito will not leave the city until the prisoners are released.

Since the uprising began, the indigenous protesters have taken over cities, water treatment plants, power stations, and radio and television relay stations in several provinces of the Ecuadoran sierra. Wednesday, people from these areas began their march to Quito.

The army's attack on indigenous people in several sierra locations left dozens with gunshot wounds. A 14-year-old indigenous girl was killed and man is in serious condition and may be paralysed.

In addition, there were cases of asphyxiation throughout the country and a girl was permanently blinded by tear-gas.

The protesters arrested under the state of emergency since July 5 are subject to trial in military court if amnesty is not granted.

Among those arrested are 56 demonstration leaders. The rest are taxi drivers, citizens who blocked roads, and other workers.

For human rights organisations, the government's actions during the protests confirm Ecuador's ranking among countries with the highest level of human rights violations, coinciding with a recent Amnesty International assessment.

Amnesty has reported death squad activities in Guayaquil, the torture and assassination of socialist union leader Saul Canar, and the assassination of leftist representative Jaime Hurtado just outside Parliament.

The Amnesty assessment also includes the deaths of two people in Manabi province at the hands of para-militaries and police officers, the arrest and torture of an El Universo newspaper columnist, and the systematic violation of homes and individuals without any ties to crime.

After confirming these human rights abuses, Elsie Monge, director of the Ecumenical Commission on Human Rights, told Inter Press Service that she is concerned about the repression against indigenous people and other social movements that protest against the government.

*"The government committed a serious human rights violation by declaring a state of emergency to stop the social ills that originate in the government's own economic measures,"* stated Monge.

She added that the declaration violates the Convention of the Americas and the United Nations Civil and Political Rights Pact.

*"The militarisation of areas where there are greater indigenous populations, organisation and unity, has left a total of 17 citizens with gunshot wounds and dozens of people asphyxiated,"* Monge said.

In addition, stated Monge, applying the National Security Law to process civilians under the military code violates their right to be tried by independent and impartial courts.

*"On one hand, the armed forces are active parties during the state of emergency and, on the other, the military courts exercise justice over events which affect civilians,"* she stressed.

According to a poll released Friday by the firm Cedatos, 87 percent of the Ecuadorans who participated in the survey do not believe in president Mahuad's word and 84 percent disapprove of his government.

Mahuad's popularity rating, which reached 66 percent a year ago, has fallen to just 11 percent.

**Jan 11, 2000.** Indigenous protesters, powerful trade unions and other social sectors in Ecuador are demonstrating to demand that the executive branch, the members of Congress, and the Supreme Court resign. The cabinet has already done so.

Widespread strikes threaten to bring the entire country to a standstill, and President Jamil Mahuad has declared a state of emergency, posting troops on the streets to crack down on the demonstrators.

The protests, originally set to begin next Saturday, were moved forward in response to Mahuad's Sunday decision to make the US dollar Ecuador's currency and to privatise public assets to offset the worst economic crisis the country has suffered in decades.

The president of Ecuador's Central Bank Pablo Better resigned late Monday before the rest of the board approved the dollarisation plan under threat of being sacked. The International Monetary Fund had previously offered its support in implementing the plan.

After being hit hard by tropical storms - the result of the 1998 El Niño - and slumping oil prices, this small Andean nation, the size of New Zealand, defaulted on its Brady and Eurobond debt last year.

In 1999, it had the highest inflation rate in Latin America for the second year in a row, 60 percent. Minister of Production Juan Falconi predicted that inflation would drop to a one-digit figure this year after the dollar was adopted.

*"The Central Bank will stop issuing [sucres] and there will be no more devaluation, and the hyperinflation of the last few years will be reduced to international levels,"* he said.

Official figures indicate that more than 60 percent of Ecuadoreans live below the poverty line.

But according to the powerful Confederation of Indigenous Nationalities of Ecuador (CONAIE), the announcement of the dollarisation of the economy showed the government only listened to bankers and large agro-exporters, who were calling for the measure.

CONAIE said the nation-wide protests would not be called off until Mahuad resigned, Congress was dissolved and the members of the Supreme Court were removed.

Mahuad announced Sunday that the members of his cabinet had submitted their resignations to give him greater maneuvering room to adopt emergency measures.

But CONAIE said it would not accept a simple changeover of officials, but wanted "a new government that cares about the interests of the people," in which the armed forces, social groups and independent associations of professionals would participate.

CONAIE, trade unions, professional associations, grassroots organisations and business and church groups set up "people's parliaments" last week in all provinces as alternative authorities.

In the mountainous province of Azuay, 500 kilometres south of Quito, the regional people's parliament presided over by the archbishop of the city of Cuenca, Alberto Luna Tobar, began to function Sunday, with the participation of more than 50 delegations.

The people's parliaments, which are discussing the problems of their respective regions, have drawn up proposals to be submitted to a national people's parliament, which began to meet Tuesday in Quito.

*"The aim is to present a political, economic and social proposal"* and to seek *"the best solution for the good of the country,"* said indigenous leader Ricardo Ulcuango.

He added that roadblocks and protests *"that will gradually extend throughout the entire country"* had already begun.

Virgilio Hernández, with the Coordinator of Social Movements, told Inter Press Service that the national people's parliament was to come up with *"a government programme presenting an alternative to the power of the dominant sectors that have led the country to the greatest catastrophe in its history."*

Ulcuango, meanwhile, warned that Ecuador's indigenous inhabitants - 3.5 million of the country's total population of 11.5 million - would not allow the members of any political party to take part in the national people's parliament.

A survey by the company Cedatos indicated that Ecuadoreans were fed up with the system. On a scale of 1 to 100, only the family, the Catholic Church, the armed forces, universities, social movements and the media were given a score above 50 by respondents, who ranked democracy, the banks, the government, the justice system, Congress and political parties below 15.

*"None of the powers of the State - the executive branch, Congress and the judiciary - are trusted at this time by the people,"* said Cedatos director Polibio Córdoba.

And a large majority of those interviewed said Mahuad should resign or change his course.

*"When a clear majority is calling for the president to resign, Mahuad should listen carefully to the reasons for that rare unanimity of a republic that is not exactly characterised by the ease with which broad accords are achieved,"* said analyst Francisco Huerta Montalvo, assistant director of the daily 'Expreso'.

If Mahuad *"listens closely and is honest with himself, he will understand that it is he who is wrong, and not the people,"* said Huerta Montalvo, who supports the initiative of the people's parliament.

*"It is possible that many Ecuadoreans do not agree with the proposal by indigenous communities to turn back the three branches of the State to zero, and rebuild the institutions of power from the bottom,"* said Javier Ponce, an expert in indigenous issues.

*"It is possible that the suggestion is not viable, and that it presupposes a rupture with the constitutional order, and the imminent danger of a military dictatorship,"* he added. *"But it has the virtue of proposing change beyond the simple destitution of Mahuad."*

The indigenous groups "have not spoken of taking power for themselves. Accusing them of that and scoffing at the supposed aims of [indigenous leaders] Miguel Lluco or Nina Pacari is an infantile attempt by Home Minister Vladimiro Alvarez Grau, who is on the verge of desperation.

*"Few understand that the indigenous movement is a movement which, based on a discourse that might sound radical, pushes the limits of what is possible. The position of the Indians will go as far as it can go due to its strength, and the possibilities it embodies,"* Ponce added.

In the face of the mounting pressure, Mahuad is attempting to shore up his government with a legislative agreement with the Ecuadorean Roldosista Party (PRE) of former president Abdalá Bucaram - impeached in February 1997 after a similarly broad protest movement - and the backing of the United States and the armed forces, although there are differences of opinion within the ranks of the military.

The pact with the PRE is aimed at consolidating a majority in parliament in order to prevent Congress from removing Mahuad as it did Bucaram. In exchange, the government would allow Bucaram to return from exile.

The president is also attempting to secure Washington's support. Foreign Minister Benjamín Ortiz said the government of Bill Clinton had pledged to help Ecuador obtain funds from the International Monetary Fund.

Officials are not ignoring the military, meanwhile, as rumours spread of officers who sympathise with the proposals put forth by the indigenous movement, and who have withdrawn their support from Defence Minister José Gallardo, a retired general.

But the armed forces' council of generals and admirals issued a communique expressing its decision to *"reject any attempt at rupture with the legal order."* The council called on *"the branches of the State, political parties and society in general to resolve the crisis within the constitutional and democratic framework."*

Some analysts read that declaration, however, not as military support for the government, but for the democratic system in a more general sense.

**Jan 17, 2000.** Three union leaders were arrested in Ecuador during an ongoing massive indigenous protest against president Jamil Mahuad's plan for the economy's dollarisation, with many demonstrators calling for his resignation.

Ciro Guzmán, president of the leftist Popular Democratic Movement (MPD), Luis Villacís of the Patriotic Front, and José Chaves of the United Workers Front (FUT) were arrested Saturday at Guzmán's home by a unit of hooded agents who surrounded the house, breaking in windows and doors.

Antonio Vargas, president of the Confederation of Indigenous Nations of Ecuador (CONAIE), condemned the action against the labour leaders, and announced that a march involving thousands of indigenous people would arrive in Quito Tuesday or Wednesday.

The indigenous leader believes that *"dollarisation hurts the country's poorest,"* and its effects have already been seen with price increases. He asserted that *"the government, since it is no longer a government, has begun to take repressive action."*

The Ecuadoran government declared a State of Emergency, suspending all individual rights. More than 40 people have been arrested in the last 10 days for infractions related to the measure.

Government minister Vladimiro Alvarez was called before the congressional oversight committee to explain why the authorities broke into the union leader's home, and to respond to claims of abuse against citizens arrested during the protests.

Several cities and roads throughout Ecuador are under military control in an attempt to prevent indigenous protestors from taking over the highways and public buildings. The armed forces have also been ordered to prevent the native peoples from advancing in their march on Quito.

In the northern provinces, the military has prevented all indigenous people in busses heading to the capital from continuing their journey.

As part of the demonstrations, indigenous people blocked some roads Monday in the southeastern province of Morona Santiago, in the Ecuadoran Amazon bordering Peru.

They also set up roadblocks in the southern sierra provinces of Cañar, Azuay and Loja, and some stretches of road have been cut off in Chimborazo in the central sierra, as well as in the northern Imbabura and Carchi provinces.

Some 5,000 people participated in a march Sunday convoked by the indigenous movement and other social movements in Ibarra, captial of Imbabura. In Cuenca, several thousand women marched with their empty cooking pots, accompanied by the ringing of church bells.

There were also protest marches in several smaller cities, and in several provinces street market vendors packed up their wares for fear of looting.

Vargas indicated that indigenous protesters will continue setting up roadblocks until they are totally cut off, which has spread fear of food shortages.

The 6,500 workers of the state-run oil company PetroEcuador joined the indigenous revolt Monday, which may result in fuel shortages in the coming days.

The oil workers threatened to stop production at the government's five oil fields, quit transporting crude from the Amazon to the Esmeraldas refineries on the Pacific coast, and stall shipments of petroleum for export.

Oil workers oppose the dollarisation of the economy because it implies privatising the petroleum industry, say labour leaders.

Enrique Barros, president of the National Federation of Petroleum Workers (FETRAPEC), stated that during the strike the government would lose its daily production of 210,000 barrels of oil, the transport of 320,000 barrels, and export of 280,000 barrels of crude.

Barros did not rule out the possibility of oil workers joining some indigenous communities in the nation's west in takeing over oil wells there.

Through dollarisation, and its accompanying laws, *"the government would hand over its principal source of wealth (petroleum) to private hands, even though just last year it brought 1.38 billion dollars into the government's coffers,"* affirmed Barros.

Monday, the magazine 'Líderes' (Leaders) published a confidential report by the World Bank which says that Ecuador's social indicators on poverty in 1999 saw an alarming decline, and the same trend is predicted for 2000.

According to the study, Ecuador has 5.1 million poor people, and 1.9 million more living in extreme poverty, out of a total population of 11.7 million. The report affirms that to reduce economic disparity, the nation must significantly improve access for low-income people to basic health and education services.

**Jan 19, 2000.** Ecuador grinds to a halt, strained by protests and roadblocks, as an estimated 12,000 indigenous people flood into the capital to prevent president Jamil Mahuad from "dollarising" the economy, and to demand the shut-down of the three government branches.

The armed forces mobilised 25,000 troops to control the nation's roads and to prevent any private or commercial vehicle carrying indigenous people from passing through, a measure human rights organisations conemn as racist.

But indigenous protesters eluded military controls by moving in small groups, in covered trucks travelling on secondary roads, or walking through the countryside and over mountains.

In Quito, they set up camp in Arbolito Park, three blocks from the National Congress building, under close watch by the army.

City residents and small retailers showed solidarity with the demonstrators by bringing them food and water.

On the roads leading into the city, the march toward the capital appears to be endless. There is a constant flow of indigenous men and women, children and the elderly, carrying sacks of potatoes and other provisions to sustain them during their protest.

The marchers are being welcomed by the national "People's Parliament," created a week ago with 330 representatives from social, indigenous, religious and human rights organisations, as well as the small business, professional, and retail sectors.

The People's Parliament resolved to assume full powers in the political, economic, administrative and judicial spheres, and called for nationwide acts of civil disobedience.

As they await the arrival of more protesters, groups of indigenous people march through Quito, gauging the strength of the military forces.

According to indigenous leader Blanca Chancoso, the goal is to gather 50,000 native peoples in the capital in order to exert pressure over the government, "directly, in its own home, without letting up on the mobilisations throughout the country."

*"This uprising is like a birth. It has just begun, but when the 'guagua' ('baby' in Quechua) is born they are going to see how strong it is, as we are beginning to prove by paralysing a large part of the country,"* Chancoso told.

The congressional headquarters and the presidential palace are under close guard by police and army troops, and the adjacent streets are protected by razor wire and anti-riot vehicles. There are also uniformed agents stationed on nearby rooftops, armed with rifles.

Military helicopters fly over the city, allowing officials to monitor the situation and to drop pamphlets in an attempt to convince the public from joining the protests.

*"Our brothers and sisters come marching peacefully from different corners of the country, on foot or in trucks,"* asserted indigenous leader Miguel Lluco. *"Though the armed forces try to prevent them from arriving, we know they will be here in the next few days. It is a question of time."*

Demonstrators used trees and rocks to block several roads in the sierra, along the coast and in the Amazon, paralysing traffic in those areas.

Land routes to the southern provinces of Azuay, Cañar and Loja are completely cut-off from the rest of the nation.

In the Amazonian provinces of Napo, Morona Santiago, Pastaza and Zamora Chichipe, protesters have blocked roads and authorities have reported numerous mobilisations. In Sucumbíos, on the Colombian border, residents surrounded the airport, impeding all air traffic.

The Andean cities of Cuenca, Azoguez, Ibarra, Latcunga, Riobamba and Ambato have been partially cut off as a result of the protests and roadblocks.

Hundreds of peasants from the coastal provinces of Esmeraldas, Manabí, El Oro, Los Ríos and Guayas set fire to tyres on the roadways, in defiance of police and military personnel who tried to clear the area.

Employees of the state-owned Petroecuador oil company shut down the pipeline transporting crude from the Amazon to the refineries in Esmeraldas, and have stopped loading oil for export and quit distributing fuel, which has spread fear of shortages.

The president of the Confederation of Indigenous Nations of Ecuador (CONAIE), Antonio Vargas, affirmed that the protests will be ongoing, though slow.

*"It is a struggle of endurance and no one knows how long it will last, but we are willing to continue as long as necessary,"* Vargas told.

Former president of Ecuador, Rodrigo Borja (1988-1992), said in an interview on Quito's Radio La Luna that he condemns the military for preventing indigenous people from travelling to Quito.

*"It is a completely reproachable racist measure,"* Borja declared. Native peoples total 3.5 million of Ecuador's population of 11.5 million.

Alexis Ponce, spokesman for the Permanent Assembly for Human Rights, affirmed that delegates from international human rights organisations and European parliamentarians would arrive in Ecuador in the coming days to evaluate charges that indigenous people have been mistreated.

Ponce also said that the state of emergency declared two weeks ago - which suspends individual guarantees - violates the principal rights included in Ecuador's Constitution.

The activist cited as an example that hooded police had broken into the homes of three union leaders Saturday and arrested them.

Since the wave of protests began, more than 100 indigenous and union leaders have been arrested.

Presidential spokesman Carlos Larreátegui affirmed that the government is willing to dialogue with the indigenous leaders if they set aside their demands for suspending the three government powers.

CONAIE's Vargas, who is also vice-president of the People's Parliament, has declared that Ecuadorans *"have complete sovereignty to demand the removal of the members of the three branches of power."*

But Larreátegui asserted, *"We will not hold talks with CONAIE as long as it does not renounce this demand,"* representing a retreat from the government's initial position that the protests would not have a major impact on the nation.

Development minister Juan Falconí met with representatives from the business community in an attempt to stop further price hikes. Prices have been climbing since Jan 5, when president Mahuad announced his plans for the dollarisation of the nation's economy.

Prices for basic foods have jumped 50 to 300 percent in the last week.

Business leaders assure that the increase *"has been fair, and is the result of increasing costs."* They claim they will not concede to the government's requests on the price issue.

Falconí affirmed that the government will release imports in order to counteract the price increases, a move rejected by the business community.

Despite the massive protests and price hikes, Mahuad expects to present Congress with the laws required for dollarisation by Friday.

**Jan 20, 2000.** Ecuador's indigenous groups presented a plan to military leaders in which they call for installing a *"government of national salvation,"* made up of civil society, religious organisations, and the armed forces.

Indigenous protestersj, meanwhile, stepped up nationwide demonstrations against the Jamil Mahuad government, which announced plans last week for the dollarisation of the nation's economy.

Some 15,000 people - indigenous people, peasants and Quito residents among them - marched to the Defence Ministry Wednesday, where protest leaders met with minister and head of the Joint Chiefs, Carlos Mendoza, demanding that the military refrain from repressive actions against the demonstrators and exhorting it to take a stand on the country's current crisis.

Ricardo Ulcuango, a leader of the Confederation of Indigenous Nations of Ecuador (CONAEI), told Inter Press Service the leaders had asked Mendoza *"to comply with obligations prohibiting repression of peaceful protests and to define whether the military will support the corrupt ones who govern the country, or support the people."*

*"It is a time for definitions and no one can have an ambiguous position before the Ecuadorans,"* affirmed Ulcuango.

The protest leaders also presented the military with a plan for a popular government, drafted by the "People's Parliament of Ecuador," formed last week with 330 representatives from social, indigenous and religious movements, human rights and other non- governmental organsations, and from the small business sector.

Defence minister Mendoza, meanwhile, said he understands the indigenous people's demands and the situation of poverty in which they live, but he stated that the armed forces will continue to uphold institutional order.

But the question still remains: Is the dollarisation plan Mahuad announced last week the way to overcome the nation's economic crisis?

As the uncertainty continues, so do the nationwide protests. In Cuenca, capital of Azuay province and the nation's third largest city, 35,000 people from several different social sectors marched through downtown.

Cuenca's archbishop, Alberto Luna Tobar, led the march and affirmed that this was *"just the beginning of victory."* He called the military decision to stop indigenous people from traveling to Quito *"an act of violence and racism."*

*"The people are not demanding the overthrow of institutions, they just ask that they serve the masses in order to be a true democracy,"* said Luna Tobar.

Peasants and members of several social movements continue to occupy government offices in Azuay province.

The estimated 12,000 indigenous protesters in Quito have surrounded Congress and the Supreme Court of Justice, while army troops and police, armed with rifles, machine guns and tear gas, have encircled the area to prevent protestors from taking over the buildings.

Legislators and government employees evacuated the sites in case the indigenous groups decide to occupy the buildings.

Several highways in the sierra, coastal and Amazon regions have been shut down by protesters who set up roadblocks made of rocks and felled trees.

Throughout Ecuador, there are reports of demonstrations, roadblocks, and work-stoppages, which have led to shortages of food, fuel and water in several areas.

The coastal city of Porto Viejo, capital of Manabí province, was symbolically taken over by 5,000 peasants from the surrounding areas.

Several municipalities in the sierra have been occupied by local farmers.

Rosa Criollo, leader of the National Peasant Council, told Inter Press Service that peasants throughout the country would maintain the protests indefinitely, alongside the indigenous peoples.

"In addition to blocking highways, we will continue occupying government and municipal buildings nationwide," affirmed Criollo.

The protesters were joined Thursday by union workers from the National Electrical Company. Its leaders did not rule out the possibility of blackouts in some parts of the country in the next few days.

In the five days since the "popular and indigenous uprising" began, more than 200 people have been arrested, while at least 20 demonstrators have been injured by police repression.

Pressure on the government continues to intensify and, though minister Vladimiro Alvarez had said the protests lack force, government sources told the press that the administration is considering negotiations with the indigenous leaders to find a way out of the crisis.

Jorge Loor, a strike leader, told Inter Press Service that an end to the crisis can be found in a government that is based on national consensus.

"This government must prioritise the country's monetary sovereignty and put aside the dollarisation plan," he argued.

Loor also asserted that the government should "assist the productive sector, modernise state enterprises to be more efficient without privatisation, reduce payments on the foreign debt, create an emergency fund to fight poverty and imprison all the bankers who pillaged the nation."

Jan 21, 2000. Ecuador's armed forces called for president Jamil Mahuad's resignation Friday, but he responded by daring his rivals to take power by force, asserting that he will not step down.

"We have asked the president to resign for the good of the country, to prevent a social explosion," said general Carlos Mendoza, chief of the armed forces joint command and interim minister of Defence.

Mendoza assured that the military forces are "monolithically" united and exhorted the government to be sensitive to the nation's current situation of economic crisis and a week of mass mobilisations by citizens who demand the dismantling of the three government branches.

President Mahuad stated in a radio and television broadcast that the nation is facing an attempted coup by forces seeking to establish a dictatorship, but he affirmed that he will not give in.

*"If this is about staging launching a military coup and taking power by force, gentlemen, take power by force,"* challenged the president.

Hundreds of indigenous protesters, backed by military forces, occupied the Congress Friday, setting up their own designated "National Salvation" junta.

Colonel Lucio Gutiérrez, indigenous leader Antonio Vargas and former Supreme Court president Carlos Solórzano make up the three-member junta.

Gutiérrez told Inter Press Service they are leading a revolution to fight corruption and poverty, and asked the international community to recognise the sovereignty of the Ecuadoran people, who the junta claims to represent.

*"This is not a subversive or decrepit movement, it has been thought through and planned and the military and indigenous people are working together,"* affirmed Gutiérrez.

Some 10,000 indigenous marchers have marched into Quito over recent days, the vanguard of a nationwide protest movement that demands Mahuad's resignation.

The "People's Parliament of Ecuador" also installed itself in Congress Friday, with the participation of indigenous and peasant groups, representatives from social movements and non- governmental, small business and independent professional organisations.

The junta issued its first decrees, in which it restricts Mahuad, Juan José Pons (president of Congress) and Gao Pico (president of the Supreme Court) from leaving the country.

Col. Gutiérrez, meanwhile, asserted that the junta is leading a peaceful movement that is fighting to recover the dignity of all Ecuadorans.

*"People, stand up and fight to eradicate the corruption and impunity promoted by the government, stand up and say 'no' to the robbery of the millenium, led by the banks,"* said Gutiérrez.

He also called for unity in *"re-founding an unselfish democracy"* in order to carry the country forward. The colonel called on *"former presidents, honest politicians, the media and all women and men who love this country,"* to support the National Salvation junta.

"We are living a historic moment," Gutiérrez declared. "We must be united, because if we are not, the nation will fall apart."

President of Congress Pons convoked the nation's legislators to hold a special session Saturday at the Central Bank building in the city of Guayaquil.

But the legislators from the indigenous Pachakutik Movement and from the Democratic Left party instead recognised the junta, and handed in their resignations.

General Paco Monacayo, who was head of the armed forces Joint Command during Ecuador's 1995 border war with Peru, commented that this uprising was to be expected.

*"When military leaders do not stand up to eliminate the corruption that the country is seeing under this government, officials appear who look for a way out, as occurred in Venezuela when (now president) Hugo Chávez took a stand,"* said Moncayo.

*"Ecuador has no reason to be different (from the Venezuelan case),"* he added, *"A president with an ounce of sensibility would have resigned."*

A military official compared colonel Gutiérrez, who played a major role in the war against Peru, with Chávez because both harken back to the discourse of South American liberator, Simon Bolívar.

Gutiérrez had previously triggered an incident in the armed forces when he demanded that the commanders take part in the fight against corruption evident in the banking industry's failure and subsequent bail-out by the government.

Miguel Lluco, leader of the indigenous movement and of the takeover of Congress, told Inter Press Service that Friday's events are the result of the government's "insensibility."

*"This uprising by the Ecuadoran people has been completely peaceful, and is being recognised in all corners of the country where people continue to rise up, taking over local governments and protesting against the system that governed until today,"* Lluco affirmed.

While in Quito an estimated 15,000 people marched toward the presidential palace, the rest of the country was still paralysed by roadblocks and the occupation of provincial government offices, public buildings and electrical and oil installations.

Former president Rodrigo Borja (1988-1992) affirmed there is no constitutional way out of this crisis and that Mahuad *"should step down in order to prevent confrontations among the people."*

Jan 24, 2000. Ecuador's largest indigenous organisation, whose leaders have been in hiding since their insurrection ended Friday, rejected the first decisions made by the new government in which it confirmed it would adopt the US dollar as the national currency and implement strict economic measures.

The president of the Confederation of Indigenous Nationalities of Ecuador (CONAIE), Antonio Vargas, assured Inter Press Service that the indigenous uprising was not a failure because it confirmed its organisational force and power to mobilise a large portion of the population.

Thousands of indigenous people, backed by peasants and individuals from labour unions, church and social organisations, participated in several days of protest that culminated Friday with the takeover of Congress and the Supreme Court, and the installation of the "National Salvation" Junta.

"*We have proven we are a force. We learned several things from this insurrection, so we will not make the same mistake of believing in traitors like the military commanders,*" he asserted. Indigenous peoples make up 3.5 million of Ecuador's total population of 11.6 million.

Vargas said the indigenous movement and other social movements completely reject the outcome of the insurrection they led Friday with more than a hundred army officers.

"*We do not accept that they have put (Gustavo) Noboa in the presidency. He was Mahuad's vice-president and took over without Mahuad's resignation,*" he emphasised.

For Vargas, it is a negative sign that Noboa is going ahead with the "dollarisation" of Ecuador, an idea originally proposed by former president Mahuad, has announced strict economic adjustment measures and supports the Bank superintendent who promoted raising the dollar, which led to speculation by government-run banks.

Vargas cited charges by Democratic Left legislator Carlos González, who says that the banks taken over by the State speculated with hundreds of millions of dollars during the last week of December and the first week of January, and the bank superintendent did nothing.

"*It led to the disproportionate rise of the dollar, and this increase was the excuse to 'dollarise' the country, a proposal we reject because it will only bring more hunger to the poor,*" he stated.

The indigenous leader also said the unity and patience of the indigenous movement proved that a peaceful rebellion can create change, though he asserted that he will not trust military commanders again.

*"One cannot trust those who supported the existing corruption instead of joining the fight for change,"* stated Vargas.

He made public demands for the safety of fellow junta member, colonel Lucio Gutiérrez, arrested and in solitary confinement since Saturday, and for the safety of the other officers who took part in the insurrection.

*"We ask the human rights defence organisations at the national and international levels to monitor what occurs in this country,"* Vargas stated.

The new president Gustavo Noboa, member of the conservative Catholic organisation Opus Dei, affirmed after taking the presidential seat that he understands the indigenous demands but that *"they were mistaken in their tactics for achieving their objectives as a result of the desperation in which they live."*

Noboa also stated that the rebel colonels must be tried in court, serving as an example. *"We must impose discipline in the country, not with a hard hand, but with firmness,"* he said.

The new Interior Minister Francisco Huerta, who just days earlier had expressed support for the indigenous movement and the "People's Parliament of Ecuador," and rejected the dollarisation proposal, abruptly changed his position and now backs the economic measure.

Huerta also said it is necessary to initiate dialogue with the indigenous movement, but was derogatory in his comments, saying *"we are not going to cure the republic with witchcraft or with hostile demonstrations."*

*"The power of the indigenous people cannot be found in shamanism or in alcohol,"* he warned.

In a Cotopaxi indigenous community, two hours from Quito by car, residents gathered to talk about the uprising and told Inter Press Service they were disappointed with the insurrection's outcome.

Mauricio Chiliquinga said he was sad because after they had achieved a popular government made up of colonel Gutiérrez, indigenous leader Vargas and the former Supreme Court president Carlos Solórzano, *"they ended up with a government that benefits the same politicians and powerful people as always."*

Mariano Guzñai commented that the Noboa government would be "more of the same" and that it does not inspire confidence.

"Noboa or Mahuad, it's the same thing. Everyone has to leave because nobody cares about our fate or the fate of the poor in this country. If they cared they would have already forgotten (the dollarisation) proposed by the rich," he affirmed.

"Our victory ended up a failure, but nothing scares us anymore and if we once fought the landowners that exploited us to return our land, now we continue fighting the politicians and bankers who steal from us," argued Guzñai.

Political analyst Paco Velasco, director of La Luna Radio in Quito, expressed his concern about trying the rebel colonels in court, saying it would further deepen the open wound created during the last several days.

"The indigenous and military rebels carried out an insurrection because they were desperate with so much corruption and poverty. They may have been mistaken with the road they chose but it was a just and idealistic fight that, according to polls, a large part of the population supported," Velasco stated.

He says a general amnesty is necessary to close the wounds and move forward, permitting the rebel officers to return to the army.

"Now many legislators, political and business leaders fill their mouths with words about the defence of democracy when they have done little or nothing to defend it, and call those who showed complete unselfishness in defending Ecuador 'coup leaders'," he argued.

According to the radio journalist, if they are going to try all those who have attempted coups in Ecuador, they would have to try Mahuad, who is accused of having prepared a "Fujimorazo" (a self- coup, dissolving Congress, as Peru's president Alberto Fujimori did in 1992).

Velasco expressed doubt about the legality of the new government, designated by a military commander and ratified by Congress after they declared that president Jamil Mahuad had abandoned the presidential seat.

Mahuad, however, never officially resigned and maintains he was overthrown.

Jorge Loor, leader of the National Peasant Council and an active participant in the protests of the last several days, told Inter Press Service that for the indigenous and peasant movement in Ecuador there are two governments.

"One with legitimacy and representation that is the expression of Ecuador's great majority, which was manifest in the 'National Salvation' Junta, made up of Lucio Gutierrez, Antonio Vargas and Carlos Solórzano," he said.

The other government, according to Loor, *"declares itself legal and is led by Gustavo Noboa, supported by the right-wing parties, bankers and big business."*

**Jan 26, 2000.** Only dialogue between the government and the indigenous and citizens organisations will prevent political tensions from growing worse, after they triggered a popular uprising last week, say analysts.

The crisis that prompted the insurrection led by indigenous peoples, social movements and junior military officers continues to be a latent threat that could unleash renewed conflict, they add.

An editorial in Tuesday's edition of 'El Comercio,' a Quito daily, sums up the situation as it underscores the danger of further social upheaval, and its unpredictable consequences, if the new government pursues the "dollarisation" project proposed by overthrown president Jamil Mahuad, and does not listen to the indigenous movement.

*"Dollarisation did not just align the elites. It became a symbol to the indigenous and social movements of a system that they are unwilling to let come to pass,"* says the editorial.

Replacing Ecuador's currency, the sucre, with the dollar is now the dividing line between millions of citizens and "a good part of the power elites."

It is a painful process, *"but neither the elites who support dollarisation, nor the government have said how - or when - they plan to make a social pact with the marginalised population,"* writes the editorialist.

If action is not taken in that direction, *"the social fracture could worsen and serve as a medium for irrational and extremist actions."*

Tensions are also aggravated by attempts to punish the rebel leaders who took over the congressional and presidential buildings last Friday, and established a "National Salvation" Junta, comprised of indigenous leader Antonio Vargas, army colonel Lucio Gutiérrez and judge Carlos Solórzano.

The arrests of the insurgent junior military officers, and the government's demands for the trials of Vargas, Solórzano, and legislators Paco Moncayo and René Yandún, has only fanned the flames.

According to authorities, the military insubordination and social insurrection must be firmly punished in order to heal the wounds inflicted against the nation's democracy.

The archbishop of Cuenca, Alberto Luna Tobar, asserts that only forgiveness can heal the wounds, *"which were not made now, but have deepened as a result of the economic crisis and could worsen if solutions are not found through dialogue."*

The new Defence minister, retired admiral Hugo Unda, acknowledged that the nation's armed forces were debilitated by last weekend's insurrection.

"Sadly, the events have weakened the military institution," said Unda, adding that the forces are in "a very delicate situation," which must be overcome.

The minister affirmed that the rebel officers will by tried in military court and will have their right to legal defence, as well as guarantees of personal safety.

Such statements have led to division an unease among military ranks as hundreds of officers face trial, many of who are held in high esteem by their troops and have stood out as highly qualified leaders within the armed forces.

Paco Moncayo, former chief of the armed forces Joint Command and former social-democratic legislator, stated Wednesday that a witch-hunt had begun against the insurgent officers, which *"demonstrates the fear among the power elite."*

"This is the revenge of a mentally ill right-wing that seeks to escape the shock of having to see the Ecuadoran people with the ability to take power," Moncayo told.

The general, who was chief of operations during Ecuador's armed conflict with Peru in 1995, proposed that the social and indigenous movements launch a campaign to gather signatures for *"annulling the mandate of the legislators."*

Antonio Vargas, president of the Confederation of Indigenous Nationalities of Ecuador (CONAIE) exhorted the president of the Supreme Court, Galo Pico, to tell him when he should appear at the prison, because he is not thinking of running away.

"Here I am, I'm not going to run, because I am not a banker or a businessman, nor anyone who robbed the money of the people and fled to the United States," Vargas told.

The authorities *"must understand that no walls will stop our struggle to build a multi-ethnic Ecuador, a nation that is just, egalitarian and profoundly participatory,"* he affirmed.

Gustavo Noboa, who was inaugurated Wednesday as the nation's new president, recognised that the crisis affecting a majority of the Ecuadoran people gave rise to widespread dissatisfaction, that was *"accentuated among indigenous people...and deserves to be dealt with immediately."*

Noboa assumed the presidential seat last Saturday at the Joint Command's headquarters following a coup d'etat by the commanders, who denounced the Jamil Mahuad government and the people's Junta elected by the indigenous groups and the rebel colonels.

The new president called for *"unity, reconciliation and solidarity among all Ecuadorans."*

Vargas affirmed that CONAIE is open to dialogue and awaits a call from the new government.

However, he made it clear that *"if they want a political truce, it must be expressed through acts of justice and egalitarian economic and social policies, without looking for the guilty among our patriot leaders and military officers."*

"As a way to consolidate democracy," CONAIE suggested to the new government that it call for a referendum May 21, the same day scheduled for municipal elections, to ask the Ecuadoran people if they want Noboa to continue as president and if they agree with the dollarisation and privatisation processes.